中国风俗图志

刘晓峰
李北山　总主编

杭州卷

吴理人　绘　艾华　著

为民族风俗的传续留念
为中华文化的复兴存根

泰山出版社·济南·

出版说明

随着当代中国工业化和城市化进程的加快，人们的生活方式快速变迁，乡风民俗正迅速发生变异甚至消亡。对各地的乡风民俗的抢救性记录，成为当务之急。

乡风民俗作为人们生产生活过程中所形成的一种文化现象，因其非物质性，甚至非口头性，只能以文本、影像等形式加以记录保存，但都有其局限性。因此，泰山出版社另辟蹊径，以“图绘+文献”的形式整理、记录、保存中国各地的乡风民俗。

在中国，风俗画有着悠久的历史，是劳动人民热爱生活、记录生活而进行的艺术上的创造。从石器时代的岩画到汉代的画像砖，都以图绘的形式记录了人们的日常生活。到唐宋时期，风俗画的制作已蔚然成风，如北宋张择端的《清明上河图》、南宋李嵩的《货郎图》，不仅形象生动地展示了当时的风俗人情、衣冠服制等，还让画作本身成为艺术珍品。当代风俗画在传统风俗画的基础上，将中国画艺术和民俗主题进一步融合，其作品形式直观、鲜活，充满了艺术的魅力和民间的气息，以特有的艺术形式为我们呈现了正在加速消亡的乡风民俗。

泰山出版社历时四年推出《中国风俗图志》系列丛书，以图绘形式尽可能系统地整理、记录、保存中国各地的风俗，与文字记录、研究形成互补和互释，以“左图右史”的形式加以呈现。二者相辅相成，不仅描述“民俗是什么”，更探究“民俗为什么”；既希望让读者能够记住乡愁，也力图为中国的民俗学研究提供另一种文本。此次推出的《中国风俗图志》系列第一辑共11卷，分别为：“北京卷”“武汉卷”“关中卷”“杭州卷”“苏州卷”“常州卷”“石家庄卷”“吉林卷”“中山卷”“川西卷”及“鲁西南卷”。本卷为“杭州卷”，由吴理人先生绘图，艾华撰稿。

为民族风俗的传续留念！为中华文化的复兴存根！这就是《中国风俗图志》这套大型丛书的目的。

总序

风俗和图画，是我们每个人从小就熟悉的两件事物。

以风俗说，人以群居，则事有相沿，浸浸自然成俗。习俗积久，其数必夥，自有聪明之士，兰心蕙目，笔墨志之。是故汉有风俗之书，梁有荆楚之记。以图画说，巧拙不论，凡人从小到大，皆有笔画彩涂的经历。而人最喜欢摹画者，当然是身边诸物，是自己觉得最有意思的生活细节。所以风俗入画，在中国早见于岩画、画像石与壁画之中。今天博物馆留存的中国历代画作，如《清明上河图》这样专以风俗为题材的亦多有。进一步说到文字与图的结合，同样历史久远。流传至今的《山海经》，就是为已经遗失的《山海图》写下的注释文字。而以图插于书中，则更为中西书肆业者共同热心做的事情。因为图文有相互参映之效，所以鲁迅称赞之“不但有趣，且亦有益”。但举目书林，像本套书这样大规模将图画与笔墨并举而为地方风俗图志者，可谓前所未有。《中国风俗图志》将艺术之美与文字之美紧密地结合在一起，擎优美文字介绍一地之风俗，嵌艺术彩墨展示一方之风化，诚可谓具有极高艺术价值，展示深湛审美意蕴，足以令人耳目一新。

总序

风俗就是我们的生活。每一个人从出生那一天起，就身处于某一地风俗之中，并不知不觉被此地风俗浸染，美之乐之。但是，我们所在的，是一个充满变化的世界。改革开放四十多年，中国的变化天翻地覆。一方面，是城市的巨变。北京，如大饼般一环一环摊开，成为拥有七环的巨大首都；深圳，由南方一个小小渔村变身成千万人生活的现代化城市；在我们注意不到的地方，都市在扩展，以亿万计的人口在涌进城市。另一方面，是农村的巨变。在我们不知不觉间，已经有很多个拥有几百年历史的村庄从这个世界消失。而依旧存在的村庄，也都已经不是旧日的面貌。

1924年，有一位名叫青木正儿的日本学者来到中国。时当中华民国成立刚十几年，社会上新文化运动狂飙突进，正是传统中国社会风俗日渐磨灭的年代。这位研究中国古代戏曲小说的学者走遍中国大江南北，像中国老百姓一样赶早市、逛戏园、进茶馆，漫步北京大小胡同，他发现中国依旧保留有许多古老的风俗。有感于中国社会变化之迅速，他列纲目，选对象，请画师，想为后世留下一部《中国风俗志》，可惜后来由于财力不足，只请中国画师刘延年画下了一百余幅描绘北京风俗的彩图。后有内田道夫教授博采众书，为这些图做了解说，这就是日本平凡社出版的《北京民俗图谱》。二十世纪六十年代老舍睹图，惊叹书中所画许多风俗已不可见。今天的中国，依然行驶在一条迅疾发展的高速路上，城市的扩张、生活空间的巨变，使许多旧日风俗变化甚至消失得无处追寻。风俗承载着我们成长的记忆，但遗憾的是，这些记忆在一天天地消失。时移世迁，令人无限叹惋。有幸的是，我们生活中，有这样一群学者，他们坚持着一笔一画地记录下了故乡点点滴滴的风俗；有这样一群画家，他们用画笔追寻乡土记忆，留下精彩纷呈的风俗图画；更有泰山出版社这样的“及时雨”，把这两群人的力量汇聚到一起。群贤毕力，就是为给亲爱的读者们呈现这套《中国风俗图志》。

神州赤县，江山代有奇文出；彩墨华章，且留胜迹待追寻。相信假以数年，《中国风俗图志》中所记所画，一定会成为留给未来的宝贵精神文化财富。

是为序。

刘晓峰
中国民俗学会副会长
清华大学人文学院历史系教授
2019年12月12日 清华园

目录

图 录

图录

第一章 人文变迁史：历史沿革与地理环境

在美丽的西子湖畔、宝石山麓，有块叫“大佛头”的石头。相传，秦始皇统一天下后，为了彰显其雄才伟略、举世无双，同时加强对东南沿海地区的统治和管理，于秦始皇三十七年（前210年），带领其少子胡亥、左丞相李斯、中车府令赵高等东巡会稽（今浙江绍兴）。一行人马从咸阳出发至云梦泽（今湖北），经九嶷山（今湖南宁远）望祭虞舜后顺长江东下，到达今安徽当涂东北的丹阳，东南行抵达钱唐（今浙江杭州），临浙江（今钱塘江），欲去会稽祭拜大禹。这是史上规模最大、规格最高的祭祀活动。

司马迁《史记·秦始皇本纪》载：“三十七年十月癸丑，始皇出游……过丹阳至钱唐。临浙江，水波恶，乃西百二十里，从狭中渡。上会稽，祭大禹，望于南海，而立石刻颂秦德。”是年，秦始皇令李斯作文书颂秦德，并在会稽山上铭刻碑文以流芳千古，于是有了被后人称为“会稽刻石”的碑文流传于越国故地直至今日。其文曰：

皇帝休烈，平一宇内，德惠修长。三十有七年，亲巡天下，周览远方。遂登会稽，宣省习俗，黔首齐庄。群臣诵功，本原事迹，追首高明。

秦圣临国，始定刑名，显陈旧章。初平法式，审别职任，以立恒常。

六王专倍，贪戾傲猛，率众自强。暴虐恣行，负力而骄，数动甲兵。阴通间使，以事合从，行为辟方。内饰诈谋，外来侵边，遂起祸殃。义威诛之，殄熄暴悖，乱贼灭亡。

圣德广密，六合之中，被泽无疆。皇帝并宇，兼听万事，远近毕清。运理群物，考验事实，各载其名。贵贱并通，善否陈前，靡有隐情。饰省宣义，有子而嫁，倍死不贞。防隔内外，禁止淫泆，男女洁诚。夫为寄豭，杀之无罪，男秉义程。妻为逃嫁，子不得母，咸化廉清。大治濯俗，天下承风，蒙被休经。皆遵度轨，和安敦勉，莫不顺令。黔首修洁，人乐同则，嘉保太平。

江南第一名镇塘栖（局部）

后敬奉法，常治无极，舆舟不倾。

从臣诵烈，请刻此石，光垂休铭！[①]

秦始皇东巡会稽，刻石而去后，未曾想这竟是他一生中最后一次出巡。在返还途中，不幸病逝于沙丘平台（今河北平乡东北）。他曾梦想着长生不死，没想到却英年早逝，50岁就撒手人寰。但他的一世英名响彻杭州湾两岸。在到过越地的众多皇帝中，宋高宗、清康熙、清乾隆……只有秦始皇才可与越国国君勾践相提并论，只有秦始皇配享禹庙。

因为大禹既是中国历史上第一个统一王朝的奠基者，又是中国古代的治水英雄，还是中华民族共同尊奉的伟大先祖，大禹精神体现了中华民族自强不息、坚韧不拔的精神。秦始皇为了彰显自己的正统，所以不远千里要前来祭拜大禹。

但船到了现在的杭州西湖地界时，由于江面辽阔，波浪翻滚，暗潮涌动，渡不过去。当时杭州还只是秦朝下设的一个小县，名曰“钱唐”，且地方十分荒僻。西湖那时还没有成为现在的“东方明珠”，只是随潮出没的浅海湾，与烟波浩渺的钱塘江连成一片。潮涨时，被海水淹没于碧波万顷；潮落时，却变成一个荒凉的浅海湾。于是，秦始皇下令把船停在现在的宝石山下，将行船的缆绳系在了一块临江的大悬岩上。后来人们便把这块岩石称为“秦始皇缆船石”。到了北宋，有个叫思净的孩童，一日来到此地看见此石，小小年纪便立志说：“异日出家，当镌此石为佛。”未曾想，他竟一语成真，长大后，真的做了妙行寺里的

僧人。他没有忘记自己孩提时说过的话，于是花费了好长好长的时间，终将此石雕刻成一尊半身大佛，留世至今。

就是这块石头，以其美丽的传说，成为杭州历史上的最早地标。它默默地守护了杭城几千年，亲眼见证了杭城的沧海桑田。

在杭州湾两岸已化作信仰活在民间的秦始皇，在杭州除了留下“秦始皇缆船石”外，还留下了一座“秦望山”。他在宝石山下短暂停留后准备继续前行，可烟波浩渺的江面仍然让他无法辨别方向，寸步难行。于是一行人来到了今天杭州的将台山上，登高望远，终于寻得出路。秦始皇拔船西行一百二十里，选择由江面较窄的富春江一带横渡到对岸的会稽。

江南第一名镇塘栖（局部）

第一节　杭州历史沿革

一、史前时期

在地质史上的新生代第四纪之时，人类出现并进化，经过旧石器时代、新石器时代、青铜器时代和铁器时代等历史阶段，最后发展到现代，经历了至少300万年的极其漫长的进程，社会形态也不断地从低级社会向高级文明社会发展。

中国是个历史悠久的文明古国，至少在距今200万年以前，就有原始人类生活在这片辽阔的大地上。他们披荆斩棘，同大自然进行了艰苦卓绝的斗争，既得以生存、繁衍了后代，又创造了许多不朽的远古文化。在这漫长的历史长河中，人类的绝大部分时间是在远古时代，没有阶级的原始社会中度过的。原始社会是人类的第一种社会形态，其早期是考古学所划分的旧石器时代，晚期才进入新石器时代。中国幅员辽阔，自然环境不一，生活在不同地域的先民及其所创造的文化，既有时代的共性，也有自身的个性。

浙江地处中国东南沿海，自然地理环境有别于其他省份，由于山川的阻隔和历史文化的

积淀，在生产力极不发达的原始社会，便形成了独特的史前文化。考古发现表明，早在距今45万年前的中更新世（一说为早更新世的晚期，约80万年前），安吉就有远古人类活动的踪迹，他们用粗壮的双手开辟草莱，征服自然，拉开了浙江历史的序幕。

1974年冬天，中国科学院古脊椎动物与古人类研究所和浙江省博物馆自然部的有关专家赴杭州、金华两地进行野外考察时，在建德县的乌龟洞中首次发现了浙江远古人类的犬齿化石，意义十分重大，该远古人类遂被命名为“建德人”。据有关资料显示，乌龟洞“建德人”遗址的发现，证实了10万年前就有远古人类在杭州这片土地上生活。除了那枚最令人惊喜的古人类牙齿化石外，专家们还发现了猕猴、鹿、猪、羊、水牛、大熊猫、中国犀、剑齿象等多种动物化石。据研究推测，那时便有打制石器工具，古人已懂得制作木长矛和木棒等，会采集、狩猎和捕鱼，而且可能已经懂得如何使用火。火的使用，可供人们取暖，给人带来光明，同时还为制造工具、围捕猎物和烹饪熟食创造了条件，是人类社会划时代的一大进步。作为江南这块土地上最早过群居生活的人类，这群栖息在浙西山地的“建德人”，依靠集体的力量同大自然进行顽强的斗争，用粗壮有力的双手，推动了社会向前迈进，拉开了人类发展史“浙江杭州篇”的序幕。②

萧山跨湖桥遗址地处钱塘江南岸，位于萧山区城厢街道的湘湖村。从1990年至2002年，一共进行了三期考古发掘。然而在此之前的20世纪50年代，被誉为“发现良渚黑陶文字第一

江南第一名镇塘栖（局部）

人”的何天行先生来到此地进行考古调查时，就曾在湖边山麓地带采集到了一些新石器时代的陶片。后到六七十年代，地处跨湖桥的杭州砖瓦厂的一位厂医陈中缄又常在该处捡到史前石器和骨器。此后，砖厂在取土时，仍有文物被陆续发现，只可惜当时这些文物未能引起人们的重视而被毁。直到1990年5月30日，当地文物管理委员会接到热心文物保护的群众报告后，跨湖桥遗址才被文博部门发现，从而打开了这一地下文化宝库的大门！

1990年10月至12月，浙江省文物考古研究所会同萧山文物管理委员会进行了第一期考古发掘，揭露遗址面积330平方米。这次发掘清理出建筑遗迹7处和灰坑25个，出土文物主要有陶器和石器，以及少量的木器、骨（角）器、木构件、彩绘陶片与古动物、古植物遗存等。陶器以手制为主，轮制或轮修也有一定比例，质料习见夹炭陶和夹砂陶，其次为粗泥陶和磨光黑陶，夹蚌末陶与红陶数量较少，同时还见有一些彩绘陶片；大部分陶器为黑色。石器较为单一，主要是锛，以及少量的磨盘、镞、璜等。木器有锥、镞、杵、器柄和桨行器。骨（角）器主要有耜、锥、匕、哨、针、镞、勾勒器、梭形器和锯形器等。此外，还发现有一些木构件、古动物遗骨与牙齿等。经国家海洋局第二海洋研究所（现为“自然资源部第二海洋研究所”）碳-14实验室进行年代测定，跨湖桥遗址距今已有8000至7000年，是浙江境内年代较早的新石器时代文化遗存。

2001年10月，考古部门又对跨湖桥遗址进行了第二期发掘，获得了许多珍贵资料，并复

原了一大批陶器。北京大学考古文博学院实验室测定出遗址年代的上限为距今8000年。

2002年10月至12月，浙江省文物考古研究所等单位对跨湖桥遗址进行了第三期考古发掘。这次的发掘再次出土了一批陶器、石器、骨器和木器等，以及灰坑、木桩、篾编织物、植物与动物遗存（骸）等，并对遗址的湖相沉积有了一定的认识。其中最大的收获是出土了一条中国最早的独木舟遗骸，此条独木舟呈梭形，其舟体和前端头部基本保存较好，唯舟体后端已残缺，残存长度560厘米、残宽53厘米，舟体厚度3至4厘米，船舱深仅存15厘米，距今年代为8000至7000年前，堪称中国最早、最长的独木舟实物，弥足珍贵。③

萧山跨湖桥遗址发掘中，尤应值得一书的是遗址中出土了一件残破的绳纹小陶釜，其内盛有一捆煎煮过的植物茎枝，有可能是中药材，此釜也极可能为一种“中药罐”，这为中草药的起源提供了实物证据，对我国中草药的起源尤其是煎药起源的研究具有非常重要的价值。

从今浙江大学玉泉校区向西北延伸，经古荡、勾庄、水田畈，直到余杭良渚、长命桥、安溪、瓶窑、彭公等一带，就是远古时期的杭州所在。这片东西狭长的地段，背靠天目山余脉，面向钱塘江水域，峰峦叠嶂，湖泽密布，土壤肥沃，孕育了距今5000年前、被誉为“中华文明的曙光”的良渚文化。1936年，施昕更先生在今日的余杭良渚镇附近发现了新石器时代晚期遗址；二十多年过后，时间到了1959年12月，夏鼐先生在长江文物考古队队长会议上，正式提出了“良渚文化”的考古学命名。这一具有重大意义的远见卓识，立即得到了考古学界的

江南第一名镇塘栖（局部）

认可。进入20世纪80年代以后，随着余杭反山、瑶山、汇观山、横山、大观山果园遗址的发现，良渚文化考古有了重大的突破，并引起了国内外学术界的关注，成为“探索中国文明起源的一块圣地”[④]。那时的先民们主要从事农业生产，并且使用石犁、石锛等生产工具；还用石箭、石刀，从事狩猎；制造舟楫，编织渔网，进行捕鱼；用石针缝制衣服，用精美的玉器装饰生活，人类爱美的萌芽从他们开始了。这些都从一个侧面证明了古老的中华民族拥有着悠久的文化遗产。

隶属江南范围的杭州地区，风俗源远而流长，在漫长的历史进程中，从敬畏天地鬼神的雏形日渐发展繁杂。早在距今5万年前的旧石器时代，我们的祖先就在江南这块土地上过着群居生活，在社会活动中出现了相互的约束和行为标准，形成了共同遵守的原始习俗，这是杭州地区产生的最早的一种社会行为规范。当人类跨进新石器时代后，这里的先民们便创造了良渚文化。人们使用骨耜种植籼稻，居住干栏式的木构房屋，生活中广泛使用陶器，以石、玉、骨、陶制作饰物美化生活。从中我们便可窥见杭州地区在生产、生活以及原始艺术、审美观念等方面共同遵循的风尚。伴随着历史长河的不断前进，人们的生产工具、生产方式不断地得到改进，人类的服饰、饮食、居住、礼俗、节庆、禁忌等生活内容日益变化，一经约定，带有传统性质的生活方式便逐渐演变成风俗习惯。民俗文化的雏形便在这个时期开始形成。

二、先秦时期

先秦时期的杭州地区拥有一段低开而缓慢走高、步步攀升、创造辉煌，后又慢慢走向衰落的历史。其间，曲折多变，有低迷也有高扬，有低吟浅唱也有激越铿锵。良渚文化以后，到我国历史上的夏、商、西周时期，那时的杭州历史概貌还不清楚，相传夏禹在治水时，将全国分为九州，杭州属于古扬州。到了春秋战国时期，我国历史上出现了诸侯割据的局面。春秋后期，在长江下游出现了两个小国，一个是越国，另一个是吴国。越国以会稽（今浙江绍兴）为中心，吴国以吴（今江苏苏州）为中心。杭州处在越国的北部边境，又由于吴越两国战事频繁，因此杭州有时属于吴国，有时又成为越国的领地。现在的杭州，能将这段历史留给后人的就是吴国大夫伍子胥与钱江潮的故事以及杭州吴山上的伍公庙了。

越国，先秦时期中国江南滨海地区的一个小国，展示了从立国、初霸、兴起到成为中国历史舞台上“春秋五霸”之一而“专制”东方近百年的辉煌历史。公元前306年，越国被楚国所灭，杭州成为楚国的属地，直到秦王政二十五年（前222年）秦灭楚而尽收吴越之地。

从历史文献记载可知，越国的开国元勋是夏代少康中兴时期少康的庶子无余。然而，其后的一段很长的历史却模糊不清，直到越王允常的出现，越国的世系才开始清晰起来。越国的霸业是从允常开始的。允常之子勾践，是一位雄才大略的国君。在春秋战国风起云涌、复杂多变的动荡局势中，他不仅能屈能伸、卧薪尝胆，而且对整个国家采取了一系列的改革发展措施，经过“十

江南第一名镇塘栖（局部）

年生聚，十年教训”，终于使得弱小的越国强大起来，并用计使吴王夫差杀死了对其忠心耿耿的吴国大夫伍子胥，且于周元王四年（前473年）实现了他灭吴雪耻的夙愿。后又北上争霸，迁都琅琊，越兵横行于江淮之上，勾践成为了“春秋五霸”的最后一位霸主。

越国的霸业延续了大约100年，从周元王四年（前473年）勾践灭吴到周安王二十三年（前379年）越王翳还都于吴这一时期，其间是越国国势最为强盛的时期。

此后，越国因政治体制改革滞后、宫廷内乱、其他国家兴起等原因，逐渐由盛转衰并最终被灭。这一时期越国最大的一次失败是周显王三十六年（前333年，一说周显王三十七年）楚威王伐越，大败越并杀越王无强，尽取吴故地而至浙江北岸。越国诸族子争立，于旧地分裂为众多小国，或为王，或为君，臣服于楚。当时间又过了111年，到了秦王政二十五年（前222年），秦将王翦等平定楚江南之地，降百越之君，置会稽郡，越国至此彻底灭亡。但吴越文化依然绵延不绝于当今。⑤

春秋时期是杭州地区风俗形成的初始阶段。文献资料记载表明，吴越两国的风俗习惯具有共同之处，吴越人在水网地区生产生活，善操舟楫，逐渐养成了勤劳、勇敢的民族美德。人们习惯剪短发，在身上刺花纹，这种“断其发，文其身，以象龙子，故不见伤害”的社会习俗，不仅体现了先民们对龙图腾的崇拜，而且还糅合了人们的审美观念、崇神观念和婚姻观念。吴越社会迷信之风甚浓，人们敬崇鬼神、敬神祭祖活动频繁，占卜流行。故，丧葬和婚姻

方面的习俗，要远比中原地区落后。如人殉制度，古人评述曰："夫吴越之国，以臣妾为殉，中国闻而非之。"在语言上，杭州地区自成语系，有其独特之处，《说苑》记载了古越的越歌，其歌词为："滥兮抃草滥予昌枑泽昌州州谌州焉乎秦胥胥缦予乎昭澶秦逾渗惿随河湖。"即便到了秦代，江南还流行着某些婚俗陋习，故秦始皇巡游会稽山祭大禹时，要立石刻铭，"禁止淫泆"，以法严禁"羸（裸）以为饰"的婚姻陋习。

三、秦汉至南北朝时期

从秦汉至南北朝的800年间，吴越故地经历了沧桑巨变。自秦王政二十五年（前222年），秦平定楚江南地开始，降越君，置会稽郡；次年，秦统一六国后，推行郡县制。秦始皇三十七年（前210年），秦始皇来到会稽，亲自主持移民。据明《万历杭州府志》卷一《沿革》载："秦始皇二十六年（前221年）罢封建，置郡县，分天下为三十六郡，以吴越故地置会稽郡，治吴（今江苏苏州），领县二十四，其在杭者凡四：钱唐、余杭、富春（今富阳区富春街道）、海盐。在灵隐山麓设县治，名'钱唐县'，属会稽郡，这是杭州历史上第一次建县。钱唐县是个山中小县，然而却是杭州的前身。"

汉代时，汉承秦制，"钱唐"仍属于会稽郡，可地位却渐渐重要起来。汉武帝元狩年间

江南第一名镇塘栖（局部）

（前122—前117年），将属于会稽郡的西部都尉（即负责郡级治安的军事机关）的治所设在了钱唐县的武林山。西汉平帝元始四年（4年），王莽改钱唐县为泉亭县。

东汉初期，光武帝建武元年（25年）复钱唐县旧名。永建四年（129年），由于南方经济的发展和钱塘江航运的兴起，开始以浙江（今钱塘江）为界，将秦朝建立的会稽郡一分为二，在江北增设吴郡（治所在今江苏苏州），江南仍属会稽郡。钱唐县从此划归吴郡。建安元年（196年），孙策以程普为吴郡都尉，治钱唐。钱唐县东临海湾，湾内泥沙淤积，至汉代形成沙洲浅滩，洲内低洼处积水形成湖泊，为今西湖之前身。郡议曹华信在钱唐县东，用泥石堆筑防海大塘，阻挡咸潮，使西湖开始与海隔断成为内湖。

三国吴黄龙元年（229年），孙权建立了吴国，形成了魏蜀吴三国鼎立的局面。地处江左的钱唐县属于吴国，并为吴郡都尉治，隶属于扬州。

南北朝时期，当地土著居民联合了北方南迁的人们，汇集各方精英，融会各方生产技术，使得今浙江境域从北到南、从西到东，都有了不同程度的开发，成为富庶之地。南朝梁武帝太清三年（549年），升钱唐县为临江郡。陈后主祯明元年（587年），改名“钱唐郡”，辖钱唐、於潜、富阳、新城四县。从此，钱唐县成为郡治所在地。

这一时期是杭州地区民俗文化活动的定型期。随着社会物质生产的发展和社会生活的演变，这一时期的社会经济持续发展，人口不断增长，城镇日益繁荣。这对于当地的生产贸

易、消费生活、人生礼仪、岁时节日、文化娱乐和民间信仰等方面风俗的日益繁缛，对于形成水乡城镇的风俗特色，均产生了重大的影响。与此同时，由于北方屡次发生战乱，中原地区人口大量南迁，这也促进了南北风俗相互渗透，使江南风俗增添了北方的色彩。

具有科学性和创造性的农事习俗的节气，是这一时期的耕耘录中最重要的篇章。东汉末年，皇权旁落，军阀割据，社会动荡。随着黄淮以北的人口大量南迁，黄河中下游地区的先民们首创的二十四节气也传播到了江南地区的杭州境内。经过人们创造性的运用，即对“死节气”采用“活办法”，使之成为指导和安排农业生产的主要科学依据。随着一年中二十四节气的转换和相应的农作物的耕种收获，以及人们生产生活的需要，逐步形成了一系列的习俗。从二十四节气的内容分析，有反映气温高低的小暑、大暑、处暑、小寒和大寒，有反映水汽凝结或降落的雨水、谷雨、白露、寒露、霜降、小雪和大雪，有反映自然物象变化的惊蛰、清明、小满和芒种等。在那个科学还不发达的时代，人们根据节气的气温、雨雪、物象的变化进行耕、种、耘、管、收、藏等农事活动。“打蛇打在七寸上，庄稼种在节气上”“春打六九牛，耕牛满地走”“芒种落雨忙种田，芒种无雨空过年”“胡桃挨棍，谷子上囤”等谚语反映了节气已经成为农事生活的指南。

江南第一名镇塘栖（局部）

四、隋唐至南宋时期

北周大定元年（581年），身为隋王、相国的杨坚废黜了年仅9岁的周静帝宇文阐自立，建立隋朝，改元开皇。开皇三年（583年），迁都大兴城（今陕西西安），进行改制，罢天下诸郡，以州统县，建立州、县两级地方行政区制。开皇九年（589年），废钱唐郡，置杭州，下辖钱唐、余杭、富阳、盐官（今海宁市盐官镇）、於潜（今临安区）、武康（今德清县）六县。州治初在余杭，次年迁到钱唐（凤凰山麓柳浦，今江干一带），这是杭州地区成为州级行政建置的开始，更是“杭州”之名第一次出现在历史上。大运河的开凿，使得杭州与隋朝东都洛阳相连，杭州的繁荣昌盛便由此开始。

隋大业十四年（618年），宇文化及在江都（今江苏扬州）缢杀了隋炀帝；李渊废黜了隋恭帝杨侑，自立为帝，建立了唐朝。为避国号讳，于唐武德四年（621年），改钱唐县为钱塘县。至乾元元年（758年），杭州归浙江西道节度管，州治在钱塘，辖钱塘、盐官、富阳、新城（今富阳区新登镇）、余杭、临安、於潜、唐山（今临安区昌化镇）八县，成为“东南名郡”。杭州也因大运河的开通，与扬州、广州并称为“古代中国三大通商口岸”。

后梁开平元年（907年），朱温篡唐称帝，建立后梁，封钱镠为吴越王。次年升杭州为大都督府。龙德三年（923年），封钱镠为吴越国王，建都杭州。在吴越统治期间，杭州的农业、手工业和商业都得到了较大发展。

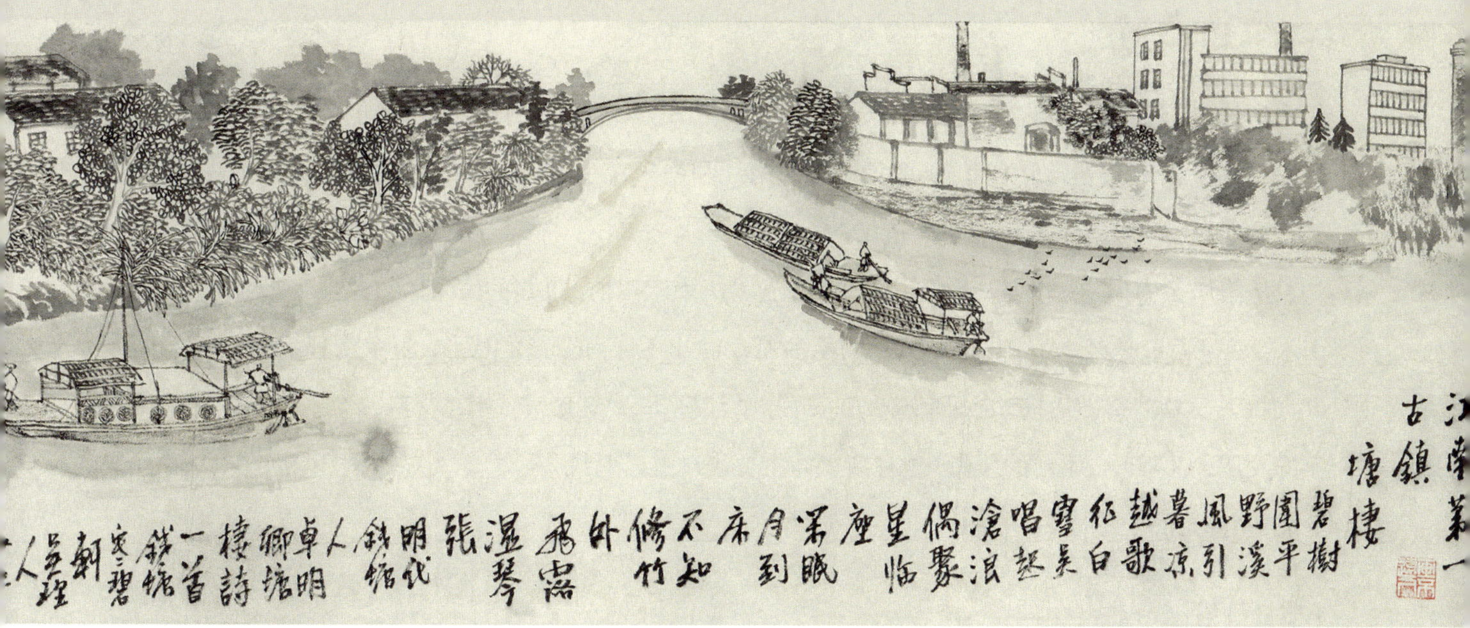

宋太祖赵匡胤建立宋朝后，南北征战，致力于统一中国。当时，偏居东南一隅的吴越国国力强盛，有与之抗衡之资。太平吴国三年（978年），吴越王钱弘俶遵行祖父钱镠“子孙善事中国，勿以易姓废事大之礼”的遗训，为避免生灵涂炭，保护治下百姓的生命财产安全，纳土归宋。此后，杭州又降为州，成为两浙路杭州的治所。继而杭州成为柳永笔下的“东南形胜，三吴都会，钱塘自古繁华”。

宋朝时，中国古代社会经历了一个重要的发展阶段，即全国经济重心的南移。南移的主要发生地，是以两浙为中心的东南地区。北宋淳化五年（994年），杭州为宁海军节度驻地。大观元年（1107年）升为帅府。杭州成为了苏东坡笔下的“地有湖山美，东南第一州”。

南宋建炎三年（1129年），高宗赵构在金人的追赶下南迁，自扬州渡江到了杭州，旋升杭州为“临安府”，钱塘、仁和两县升为赤县（京都），并为治所所在地，临安、余杭、於潜、昌化、富阳、新城、盐官七县为京畿县。其后辗转于吴越之间约十年，时而建康（今江苏南京）、时而绍兴、时而平江（今江苏苏州），至南宋绍兴八年（1138年），终于定都临安，受历朝历代传统正统观念的影响，认为中原才是帝皇之地，故名义上仍称“行在所”。至此，杭州进入了史上最辉煌的时期，这种辉煌在中国古代历史中，可以说是空前绝后的，一时间发展成了全国第一大都会，同时，也是世界大都会之一。13世纪意大利著名旅行家马可·波罗在南宋亡国后来游杭州，仍以“天城”相称，叹其为“世界上最美丽华贵之天城”。南宋的经济文化之所以能够得到如此之快的发展，既有吴越钱氏几代人对杭州的开发经营，也有两宋之际大量高素质的北方人士的南下、政治中心的南迁和南宋统治者为维护政权的生存而采取的一系列有利于恢复和发展经济的措施。

从隋唐至南宋这一时期，是民俗活动的鼎盛期。南宋以前，杭州的民间风俗是典型的江南水乡型。无论是经济、文化还是人民的生活都反映出了江南安逸的特点。宋室南迁后，北方大批人士慕名追随而来，定居京城大临安（今浙江杭州），南北风俗相互交融，经过一百多年的发展，逐渐形成了新的风尚。这种新风尚主要表现在节日风俗、婚娶风俗、育子风俗、丧葬风俗等方面。

1.节日风俗

正月元旦。农历正月的第一天，南宋时称“元旦”，俗称“新年”。正月初一那天，城内外居民都穿上新装，邻居、亲友相互拜节祝贺，时称“拜年”。清早，家家户户开门先放爆竹，以求“开门大吉”。相传，古代楚国的深山有一种怪兽，名叫“山臊”，经常下山伤害百姓，使人患寒热病。楚人便把竹筒放在火里烧，让它“毕毕剥剥”发出爆裂声，吓退山臊。人们便把这种烧竹筒称为“爆竹”。宋代火药发明后，便改用厚纸裹扎火药，制成“炮仗”。炮仗一响，为新年增添了热闹的欢乐气氛。

立春节。农历正月初十为立春节，是农事二十四节气之首。古代农民极为重视，并把这一天看作是预卜年景丰歉的日子。立春的前一天，钱塘、仁和两县各送一头“春牛”（泥牛）到临安府前的迎春馆内。立春清晨，举行“鞭春”仪式，由知府带头，手执彩札牛鞭，在“牛”身上抽打三鞭，作为他赶牛参加春耕的象征，时称“鞭春”，或叫“打春”。礼毕，把其中的一只“春牛”送往皇宫举行立春仪式，另一头“春牛”由农民肢分，带回去当作五谷丰登、六畜兴旺的吉兆物。街市上有泥质小春牛出售，相互赠送，以求“丰稔之兆”。

元宵节。农历正月十五为元宵节。元宵闹花灯，是我国流传已久的古老风俗。《古今图书集成·风俗考》载：“杭州元宵之盛，自唐已然。”据史书记载，唐代灯节是农历正月十四日至十六日三天。钱氏归顺宋后，增加了两日，变成了五日。这几天，杭州的大街小巷，结灯挂彩。据《西湖老人繁胜录》载：“南至龙山，北至北新桥，四十里灯火不绝。”从官巷口至众安桥，悬卖各色花灯，称为“花市”。当时家住临安保康巷的著名女诗人朱淑真曾写下了《元夜》词，其中有两句是：“去年元夜时，花市灯如昼。”元宵节晚上，还有观灯的风俗，全城居民倾城而出，上街观游。

花朝节。农历二月十五日，称“花朝节”，俗称“花神节”。据《梦粱录》载：“春序正中，百花争放之时，最堪游赏。”这一天，城内居民纷纷赶往郊外或城内名园游赏奇花异木。如到城西钱塘门外至涌金门外的西湖岸边赏柳，到城南嘉会门外的内侍王保生园、张太尉园和包家山去观赏桃花，到城东崇新门外长明寺附近田野上欣赏盛开的香花和异草，到城北武林门外东西马塍诸园欣赏盆景，等等。此风俗曾被中断过，2011年开始恢复，成了杭州每年农历三月的盛事。

寒食节和清明节。农历三月里的寒食节和清明节，又是两个重要节日。其具体日期，历朝不同。宋代一般是以冬至后的第一百零三天至一百零五天为寒食节和清明节。前两天为寒食，后一天为清明。寒食节的传统由来已久，至唐代盛行，相传为春秋时期晋国的贤臣介子推在山中烧死的纪念日，届时家家户户“断火三日”。宋人有“馋妇思寒食，懒妇思正月”的谚语。清明节扫墓的习俗始于唐，盛于宋。据《梦粱录·清明节》载，西湖“南北两山之间，车马纷然，而野祭者尤多”。清明这天，家家户户到郊外采柳条，插在门上，时称“明眼”。故有诗云：“莫把青青都折尽，明朝更有出城人。”

端午节。农历五月初五为端午节。宋室南迁，沿袭了汴京的风俗，称农历五月初五为端午。是日，老百姓们在门上悬挂用艾或百草结成的张天师；有的贴五色花笺，内堂设天师像，悬梁符篆有的在门首设大盒，杂植艾蒲、葵花，上挂五色纸钱、排钉果粽。相传，挂这些东西，不仅能驱赶恶鬼，还能祛除瘟疫。此风俗流传至今。

乞巧节。农历七月初七，称为“乞巧节”或“七夕节”，是从古老的神话牛郎和织女的故事演变而来。每年的七夕节这天，有杭州妇女去牛郎庙向织女“乞求灵巧”的风俗，故名“乞巧”。有的妇女摆出香案，在月亮下用七根线穿七支绣花针，谁穿得愈快愈多，谁乞得巧就愈多，绣起花来手就巧。这叫“对月穿针”。有的妇女预先捉一只蜘蛛，放在小巧玲珑的盒子内，七夕夜里，将盒子放在院子香案上，第二天打开盒子，看谁的蜘蛛结网最密，就算“乞巧”最多。

中秋节。农历八月十五日，正好三秋恰半，故名“中秋节”。相传此夜月色倍明，故又称“月夕”。这晚家家户户都有赏月的习俗。据《乾淳岁时记》载，这天晚上，钱塘江上会被放逐数十万盏羊皮小水灯，浮满水面，灿如繁星。浙江潮堪称天下奇观，中秋前后观潮更胜于平时。观潮的风俗形成于唐朝，到了南宋，尤为盛行。民间的“弄潮”风尚始于五代，盛行于宋。每逢观潮节日，一些“善泅者”，文身披发，或手拿大彩旗，或手持清凉伞，或持彩色竹竿，出没于波涛骇浪之中，腾身百变，是十足的“弄潮儿”。

重阳节。农历九月初九，称“重九节”。这天适逢两个阳数，日和月并应，故又名“重阳节”。这时恰逢秋高气爽，许多人结伴出游登高。登高之俗，相传始于东汉。是日，杭城之人要喝菊花、茱萸浸过的酒，以求消除“阳九之厄”。次日赏菊，大为盛行。杭州人把菊花称为“延寿客”，把茱萸叫作“辟邪翁”。重阳当天，市场上有各种各样的“糖面蒸糕”出售，上面用猪肉、羊肉、鸭肉等斩成“丝簇钉”镶嵌，当中又插上五色小彩旗。贵族常以此糕相互馈送，故又名“重阳糕”。又仿汴京习俗，用无色米粉塑成狮子蛮王的形状，放在熟栗子和麝香、蜂蜜拌和的糕上，称为“狮蛮栗糕”。

冬至。农历十一月的冬至，是农事二十四节气中的重要节日。它始于汉代，至宋盛行，时人称为“亚岁”。这一天，杭州人更换新衣，举杯相庆。岳王祠、城隍庙香火极盛。城内店铺往往停市三天，“垂帘饮博”（专饮酒赌博），称为“做节”。冬至那天，据《乾淳岁时记》载，家家户户用馄饨祭享先祖。有钱人家往往求奇，一碗内盛十余色馄饨，称为“百味馄饨”。民间有“冬馄饨，年馎饦”的谚语。

小年夜与除夕。农历十二月二十四日为小年夜，这一天，家家户户备蔬食饧豆祀灶神。夜间，卧床下、门上、厨房、厕所等都点灯照亮，称为“照虚耗”。一年的最后一天，即月穷岁尽之日，俗称“除夕”。白天，家家户户打扫卫生，擦抹门厅，换门神，钉桃符，贴春联。夜间，大街小巷响彻爆竹、鼓吹之声，称为“聒厅”。合家围炉团坐，饮酒谈笑，终夜博戏不寐，称为“守岁”。

2.婚娶风俗

南宋仍然承袭了封建的礼制。随着政权的日益巩固，杭城士庶的婚丧育子礼俗，侈靡浮诞之风与日俱增。婚娶礼承袭古代“六礼之制”，分别是纳采、问名、纳吉、纳征、请期、亲迎等六步，全由父母做主，媒人包办。

3.育子风俗

南宋临安的育子风俗相当烦琐。妇女怀孕八个月，女家舅姑送银盒或彩盘，内盛粟杆一束，以锦和纸盖之，上簇花朵、通草、贴套、五男二女、眠羊卧鹿，还有生枣。彩画鸭蛋一百二十枚及孩儿绣缝彩衣等，称为“催生礼”。足月坐蓐分娩，亲友等送“细米炭醋”。子既生，又有“三腊”之俗：生子第七天为“一腊”，第十四天为“二腊”，第二十一天为“三腊”。“三腊”之期，女家与亲友俱送猪肚、蹄脚等给产妇吃。孩子满月，外家要送彩画钱或金银杂果钱，以及彩缎、珠翠等，时称“洗儿果彩钱”。生子百日，称为“百禄”，要设酒食庆贺。子周岁，称“周晬”。这一天，堂中铺设锦席，四周摆放祖父诰敕、金银七宝玩具、文房书籍、弓箭、道释经卷、秤尺剪刀、彩缎花朵、女红针线等物件，将小儿放当中，让其自己挑选喜欢的物件。根据小儿最先拈取的物件，来断定他将来为何等人。

4.丧葬风俗

到了南宋，宋人重丧葬礼，如丧礼太轻，会被人说犯“不孝”大罪，甚至丢官革职。平民百姓的丧葬与文武百官有别，祭器不能用金银、锦绣，抬棺材的人数不能超过八个，明器（即冥席器，用竹、木、陶土做成的陪葬品）十二，仅置二床，如果僭越此制，官府勒其毁除。一般葬礼要做“七七”（即佛教的七七四十九天）和百日念经等。民间盛行火葬，顾炎武《日知录·火葬》载：“火葬之俗，盛行于江南。”据史书记载，杭州的火葬始盛于五代吴越国，那时杭城内外建寺院三百六十座，有“佛国”之称，佛教的火化促进了民间的火葬。南宋定都临安后，火葬更加流行。钱塘门外九曲城菩提院（后并入昭庆寺）一带，是临安火葬地之一，设亭火化死尸，时人称为“化人亭”或“焚人亭”。

五、元明清时期

自南宋理宗端平元年（1234年）蒙古与南宋联合灭金以后，双方便开始了长达四十余年的战争。咸淳十年（1274年），元军以伯颜为统帅，发大军二十万征南宋，德祐二年（元至元十三年，1276年）二月，元军攻下南宋首都临安，祥兴二年（元至元十六年，1279年)广东崖山一役，南宋灭亡。当元军进入临安后，即设立两浙都督府，元至元十四年（1277年）改临安府为杭州，至元十五年（1278年）改为杭州路，领八县一州（即钱塘、仁和、余杭、临安、新城、富阳、於潜、昌化和海宁州）。至元二十一年（1284年）二月，江淮行省治所自扬州迁至杭州。至元二十八年（1291年），改江淮行省为江浙等处行中书省（简称“浙江行省”），杭州仍为其治所。

元顺帝至正二十四年（1364年）正月，朱元璋自立为吴王，至正二十六年（1366年）朱元璋所部攻占杭州，改置浙江行省，杭州为省治所。洪武九年（1376年），改杭州路为杭州府，为浙江承宣布政使司的治所。杭州府治钱塘县、仁和县，下辖八县一州（海宁），成为“浙首郡，东南一大都会”。

明朝后期，政治日趋腐败，统治阶级内部的党争愈演愈烈。地主阶级土地兼并日益严重，对农民、手工业者的剥削也在不断加重。种种社会矛盾和斗争，终于导致明末农民大起义的爆发。李自成起义军于崇祯十七年（1644年）三月十九日占领北京，明朝灭亡。当李自成起义军进军北京时，满洲贵族便乘机大举入关，山海关之战，李自成失败，退出北京，十月初，清顺治帝定都北京。清代杭州，仍名“杭州府”，是浙江行省的省会，又是杭州府治所在。顺治二年（1645年）六月，清军攻下杭州，浙江人民和南明政府，纷纷抗清。清政府以杭州为“江海重地，不可无重兵驻防，以资弹压”[7]。于是自顺治五年（1648年）六月起，在杭州城西（今湖滨一带）开始建旗营，周围约九里，占地一千四百三十多亩。驻防旗人对平民百姓的压迫和剥削非常残酷。鸦片战争以后，清政府对东南地区人民的剥削更加严重起来。光绪二十一年（1895年），清政府在中日甲午战争中失败，被迫签订《马关条约》，杭州成为了日本通商商埠，拱宸桥一带被辟为日租界。宣统三年八月十九日（1911年10月10日）爆发的武昌起义，敲响了清朝统治的丧钟。杭州的革命党人纷纷参加起义，11月4日，革命军攻破抚署，顺利地占领了杭州，结束了清政府在杭州的统治。[8]

元明清三代，是我国封建社会的后期。为了巩固大一统的封建帝国，统治者极力宣扬封建纲常和封建礼法，民间礼俗带有浓厚的封建色彩。此时，杭州的风俗已趋定型，岁时节令，均有定规，婚嫁、丧葬、生育、寿庆，悉有常仪。

六、中华民国时期

在汹涌澎湃的辛亥革命浪潮中，清宣统三年九月十五日（1911年11月5日），资产阶级革命党人在杭州举义，一举摧毁了清王朝在浙江的统治，成立浙江军政府。1912年，废浙江军政府，合并钱塘、仁和两县为杭县，仍旧为省会所在地。1914年，设道制，置钱塘道，道尹驻杭县。原杭州府所辖各县归钱塘道管辖。1927年，南京国民政府改革地方建置，撤销道制，实行省、县两级制，规定在政治上、经济上有特殊情形者可酌设市。于是，浙江省政府划出杭县城区及西湖全境，即东南沿钱塘江至闸口一带，西至云栖、天竺，北至拱宸桥、笕桥，另设杭州市，这是杭州建市之始。杭州市划分为六个区：城区、西湖、江干、会堡、皋塘、湖墅。1936年，因城区人口增长过快，原来的行政区划和设置已不能适应，于是又重新划分为十三个区：城区分为第一、第二、第三、第四、第五、第六等六个区，西湖区改称第七区，江干区改称第八区，会堡区改称第九区，皋塘区分为第十、第十一两个区，湖墅区分为第十二、第十三两个区。从此，杭州确立为市的建制，成为浙江省政治、经济、文化和交通中心。

1949年5月3日，杭州解放，5月24日，杭州市人民政府成立。⑨

自推翻清朝建立民国后，杭州除了沿袭旧风俗外，最大的新风尚就是剪掉了头上的长辫子，释放了小脚，取消包办婚姻，允许女子进入新学堂等。兴办（公立）学校也成了一种时尚，如求是书院改为高等学堂、贡院改建为师范学堂等。

第二节　“杭儿风”：地理与人文

杭州位于我国东南沿海北部、浙江省北部，地处长江三角洲南沿和钱塘江流域，地形复杂多样。杭州市西部属浙西丘陵区，主干山脉有天目山等；东部属浙北平原，地势低平，河网密布，湖泊密布，物产丰富，具有典型的江南水乡特征。杭州东临杭州湾，与绍兴市相接，西南与衢州市相接，北与湖州市、嘉兴市毗邻，西南与安徽省黄山市交界，西北与安徽省宣城市交连。杭州是我国著名的“七大古都”之一，自古风俗带有浓厚的江南特色。杭州一直以来便以秀美的自然

放鹤亭

风光、悠久的历史、繁荣的经济、灿烂的文化而驰名中外，是江南文化的代表城市之一。

杭州处于亚热带季风区，属于亚热带季风气候，四季分明，雨量充沛，地理条件优越，气候温和适中，山川秀丽，文化昌盛，历史悠久。自然环境是历史演进的大舞台，在历史发展的早期有重要的作用。先秦时期的杭州，就处于亚热带湿润季风气候区和亚热带东部湿润常绿阔叶林地带。距今约1万年前，杭州地区气候温凉，平均温度比现在大约低1至2度。

一、陆地、山、水

关于杭州的陆地、山、水之由来，杭州学者和教育家钟毓龙先生在其《说杭州》一书中概述如下：

> 杭州之地，古为大海。山脉何时出水，何时始有居民，无可考。唐尧之时，许由隐居武林山；春秋时，庆忌宅在今武林门内；越王之台在大慈山；伍员避难于塘栖；荀卿读书于良渚，是种传说，难可征信。可征信者，当自秦始皇始。始皇东巡，系缆于大佛头；登武林山，置泉（钱）唐县；又登秦望山以望会稽。此殆可信者也。汉武帝时，有辕终古，钱唐人，不知所居何处。其后有褚氏者，聚族于龙井之金钟峰下，是曰褚庄，亦曰褚家坎。有陆玮者，隐居灵隐之莲花峰下，筑堂曰九师。而华信亦筑塘于西湖之东。灵帝时，陈珲为余杭令，大治南湖，而杭州西溪以北之汪洋巨浸，渐次化为洲渚。此又历史之可考者。晋代冯氏，凿井于皋亭山。西僧慧理，建寺于灵隐山。有范氏者，亦聚居于五云山之麓，是曰范村。此皆依山傍丘，未宅平原也。梁武帝之臣朱异，舍宅为寺，在湖墅江涨桥。同时鲍氏，亦舍宅为寺，即今武林门外祥符寺。此为居平原之可考者。隋代迁州城于凤凰山，北端平原之地仅至钱塘门而止；西傍西湖；东则止于盐桥大河以西。其时凤凰山、吴山之东南，皆江也；自吴山之东而北，皆江滩也。越一百年，至唐武后时，此一带江滩，渐次成熟。州司马宋璟，始开三沙河以资灌溉。西即盐桥河，中曰茅山河，东即菜市河也。褚遂良故里，即在茅山河旁，是曰褚塘。想前此亦曾筑塘耳。然至穆宗长庆时，江潮犹泛滥至湖墅，浸及西湖。故白居易筑堤，自钱塘门外而北，以至今之武林门。又有石瑰者，筑塘以捍之，在今湖墅德胜坝。然至懿宗时，潮水又奔逸入城，即越盐桥大河而西也。盖陆地虽已长成，而水患犹不免焉。又阅数十年，钱武肃筑罗城，自朝天门而东北，经今之城头巷、东清巷，直至艮山门；折而西，至武林门外；又折而南，至宝石山后之霍山。于是其中之陆地始奠定。其时凤凰山、吴山东南之江，亦淤为沙滩矣。钱武肃又筑塘捍海，自六和塔而东，至今之候潮门内；折而北，经箭道巷以至洋市街。然后城东南之陆地亦奠定。宋高宗建都，因得展拓其城，为东便、候潮二门。而今之望江门内一带陆地，则甫于此时出水，所谓绍兴时红亭沙涨也。至于西南四乡之地，定山本在江中，宋时犹半露于江；浮山则为江中之一岛，南宋以后，始为沙涨，今则平畴莽莽矣。若东北临平、乔司一带，则近二百年来，陆地始奠定，而免水患。

八卦田看菜花

杭州之山分两派：一派自天目山来，所谓“龙飞凤舞到钱塘”，说的就是杭州山的走势。位于杭州市西部，从富阳、临安境内逶迤而来的山，一直延伸到城市腹地，从南、西、北三面环绕着西湖。一派本为沙岛，以沙涨而成陆地。市区东南部平原上的山便是如此，本是海上的岛屿，因为钱塘江、笤溪带来的大量泥沙，经过成千上万年的海水冲刷和堆积，渐由沧海变桑田，于是海中的岛便成了山，皋亭山、超山便是如此。

杭州居江流海潮交会之所，是钱塘江流域的天然吐纳港，是自北徂南的天然渡口。自隋朝大运河的开凿起，历代君王大臣对杭州之水的建树颇多。

首先体现在修筑捍海石塘。后梁开平（907—911年）中，钱武肃王始积巨石植大木以捍之，上自六和塔下抵艮山门，曰捍海塘。军民一心使得城基坚固，杭城至此脱离水患，改变了杭城东南海滨的田庐被巨潮湮没的宿命。到了宋以后又多次加以修治。除此之外，杭州城内外河网密布，水系发达，有西湖、运河、中河、东河、小河、浣纱河、龙山河、贴沙河、上塘河、下塘河、古新河、松木场河、余杭塘河、西溪、蔡官人塘河。河水密布，小桥飞架南北，家家踏阶入水，河埠捣衣声脆。

《钱塘县志》里这样描述杭州城的桥多：“钱塘居民稠密，百步十寻，辄有桥梁以通往来。”比如浣纱河，长不过千来米，就有十一座桥。中河上的古桥就更多了，只需听听这些名字：六部桥、上仓桥、通江桥、望仙桥、新宫桥、盐桥等便可知。南宋时杭州城内有名可查的桥就有一百一十七座桥。元代马可·波罗在行纪里说有“一万二千石桥”，夸张了点，未必有上万座桥，但可见杭州桥之多。据清光绪十八年（1892年）绘制的《浙江省城图》统计，城内有石桥一百三十二座。这个数字还未将那些花园或庄园里的园林堤桥统计在内，加上那些桥恐怕就数不过来了。著名的戏曲理论家沈祖安先生在给吴理人《跨越钱塘》邮品集的序中写道：“感谢山水画家吴理人先生的生花妙笔，像伸出了一支有力的竹杖，搀着我走向亲切的旧路，走上我所熟悉的一座座杭州的古桥，走进时间的隧道，走过我的老年、壮年和童年；走进我们杭州人已经悄悄失落的许多记忆之中。回忆像条轻舟，顺着思绪的流水缓缓前进。驶过缤纷的梦境中一座又一座时间的小石桥。在历史的长河里，桥是文化的纽带，也是生活的继续，更是希望的延伸。我记着当代戏曲大师张庚先生当年在此对我说的一句话‘心中的彩虹，就是渡向彼岸的桥’。”

由此可知，杭州陆地、山、水的形成除了是万千年来大自然的鬼斧神工，还是历朝历代的

虎跑梦泉

先民们用辛勤的汗水努力劳作而得的结果。也因此，杭州方有今天的繁华。

二、城邑坊巷

自隋朝建州城以来，历朝屡有毁建，但城市的样貌大致保持着，城墙一直是沿山、沿江、沿湖（河）而筑。吴越杭州城形成的“腰鼓形”城市格局，为之后以其为临都的南宋王朝所承袭发展，而御街（今天街）即今中山南路、中山中路、中山北路这条城市中心轴也千年未变。濒江傍湖、南北展而东西缩的古城格局，也为后来的朝代所继承。特别是在南宋，杭州升为国家都城后，朝廷便非常重视城邑坊巷的建设，使之符合都城的规格，显示自己的正统。

1.城邑

杭州的城墙，始建于隋朝。开皇十一年（591年），杭州州治移至凤凰山东麓的柳浦西（今江干一带）后，大臣杨素调发民工依山（凤凰山东麓）建造州城，筑城垣。宋人周淙《乾道临安志》卷二引《九域志》载云：“隋杨素创州城，周围三十六里九十步。”乐史《太平寰宇记》卷九十三载：开皇“十年移州居钱唐城，十一年复迁州于柳浦西，依山筑城，即今郡是也”。州城东临盐桥河（今中河），西濒钱塘湖（今西湖）东岸，南到凤凰山，北抵钱唐门（今钱塘门），即今六公园圣塘附近。城门有四座：钱唐门（今钱塘门）、盐桥门（今联桥）、炭桥新门（今炭桥东）和凤皇门（今凤凰山）。这是杭州历史上第一次建造的州城。

唐时杭州城垣基本承隋之旧，但也有拓展，城区从城南江干一带向北推进至武林门一带，因大运河通航而成为货物集散地。据《吴越备史》所载，唐昭宗大顺元年（890年）闰九月，杭州刺史兼防御使钱镠第一次扩建杭州城，“筑新夹城环包家山、洎秦望山而回，凡五十里，皆穿林架险而版筑”。据钟毓龙《说杭州》记载，在扩建这部分称作“罗”的城垣时，钱镠曾“亲劳役徒”，筑城的役徒受到激励“莫不毕力”，很快就把这段城垣建好了。这段城垣的扩建，扩大了杭城的西南部。钱镠第二次扩建杭州城，是在第一次扩建三年后的晚唐昭宗景福二年（893年）七月。这一次扩建的工程规模很大，影响也很大。司马光的《资治通鉴》对此作了专条记载：“钱镠发民夫二十万及十三都军士筑杭州罗成（城），周七十里。”据《吴越备史》所载，这次扩建的大致轮廓是：自夹城东亘江干，洎钱塘湖（今西湖）、霍山（在昭庆寺后）、范浦（在艮山门），凡七十里。大致就是起自今天的鼓楼，东北沿淳祐桥、菜市桥的西侧，以至艮山门，然后又折而向西到达武林门外，再曲折地向南，到达昭庆寺后的霍山。这一次扩建，是对隋唐旧城东北部所进行的一个范围更大的延伸，把原来的隋唐城东门的盐桥

宝石流霞

门、炭桥新门以及城北门钱塘门都包罗了在内，成了名副其实的罗成（城）——城外之城。

从钱镠第二次拓筑罗城到五代后梁太祖开平四年（910年），钱塘江以江潮为患，百姓苦不堪言，遂有传说“钱镠射潮筑捍海石塘”的故事。捍海石塘筑成之后，又修筑了杭州旧城的东南部城墙，并在钱镠射潮附近的城垣建一新门，称“竹车门”。钱镠在多次拓筑杭州城垣的同时，还在杭州城内的南部，修筑了王城（也称“子城”“牙城”）。至此，钱镠当时所筑杭城，南至秦望山麓、六和塔一带，城区北扩到武林门湖墅江涨桥运河埠头，又向西延伸到西湖边的雷峰塔一带，东以菜市河（今东河）为界。经这三次重大的拓筑，整个杭州的外城（即吴越罗城）形成了南北修长、东西狭窄的不规则的矩形。据《吴越备史》载，唐昭宗乾宁三年（895年）淮帅杨行密将率军攻杭州，曾先期携带僧人祖肩秘密地来偷窥杭城，祖肩回告行密：“此腰鼓城也，击之终不可得。”从此，杭州城又称“腰鼓城”，从而使得杭州有了“天上地宫”的赞誉。

南宋绍兴八年（1138年），把原是北宋杭州州治的所在地杭州西南的凤凰山东麓上升为南宋的国都。凤凰山麓原是吴越国子城的皇城所在地。建炎三年（1129年）二月诏以为行宫，绍兴元年（1131年）十一月诏守臣徐康国措置草创。绍兴二年（1132年）九月，南门成，诏名曰行宫之门。鉴于当时政权未稳与财力有限，对于城垣的建设只能在原来的布局结构上做些相应的调整。绍兴十一年（1141年）宋金议和后，在凤凰山东麓，以唐宋州治所为基础，扩建皇城，皇城“方圆九里”。绍兴十八年（1148年），南门曰丽正门，北门曰和宁门，东苑门曰东华门。孝宗及其以后，被称为临安府城的杭州经过多次的拓建、改建和修建，最终成为南跨吴山到凤凰山脚、北达武林门、东依钱塘江、西邻西湖，城墙四周有旱城门十三座的大城。然德祐二年（1276年），元兵攻入杭州，下令拆毁杭州的城墙。至元二十四年（1287年），民间失火，祸及宫室，焚毁过半。杨琏真伽向朝廷进言，改垂拱殿为报国寺，改后殿为小仙林寺，改福宁殿为尊胜寺，改芙蓉阁为兴元寺，改和宁门侧为般若寺。从延祐到至正年间（1314—1368年），诸寺尽毁。

元至正十九年（1359年），张士诚农民起义军占领杭州后重建杭州城，东面自艮山门至清泰门，向东拓展1500米，辖城河（今东河）与城内；南面，自候潮门以西，缩入1000米，截南宋皇城所在凤凰山于城外；西北城墙改曲为直。

明清时期，杭州城垣基本上沿袭了元末张士诚重建之城，只作部分修整。杭州城门也从

西溪楼啖煨笋

此固定为十座，即武林门、艮山门、庆春门、清泰门、望江门、候潮门、凤山门、清波门、涌金门、钱塘门，它们成了杭州老城的代表和象征。

民国时期，始拆城墙，杭州最先拆除的城门是清泰门。清光绪三十三年（1907年），沪杭甬铁路设车站（即今城站）于清泰门内，铁路自城外贯城而入，拆去清泰门城墙数十丈。1913年，杭州城墙开始拆除，用原来的城墙砖石建湖滨路、南山路，辟湖滨公园，从此西湖和城区连成一片。随后又拆除凤山、武林、望江、艮山、候潮五门。新中国成立后，尚剩的庆春门，以及残余的东北城墙和西城墙的北段，在20世纪50年代后期拓建环城东路、环城北路和延伸环城西路时拆除，现仅留下凤山水门一座孤独地横跨在中河的尽头。[10]

2.坊巷

我国城市建设中的规划布局结构，最早有“左祖右社，面朝后市”的王城规划结构。至于城市中的居住区则是“坊市分离”，即将居民居住地区划分为若干个“坊”，居民分坊而居；供商业交换用的“市”（市场）则多集中。坊与市是不在一起的。居民出售、购买、交换日常食用之物要出坊上市。这样的坊市分离制度，从周朝（也可能是更久远）以来，至隋唐，成为我国古代城市建设的传统布局。从现存资料可知，唐代长安城与隋代洛阳城都划分了众多比较规整的坊作为民居。以《南宋临安城图》（见《咸淳临安志》）为例，不难发现图中所标记的南宋时杭州城内的坊是很多的，密集地排列在盐桥河以西的广大城区的中部与北部。而有趣的是，图中的不少坊名都与隋唐时长安、洛阳城内坊名相似，有的竟是相同的。唐代长安城的“太平坊”，隋唐洛阳城的“积善坊”，杭州都有。这不是巧合，这些说明，城池都是按同样的古制建立的。其次，从《南宋临安城图》中，还可以看到城中的不少坊，与官府相杂处，又与游乐场所、酒楼茶馆等市肆相杂处。这说明，南宋时的杭州城，坊市分离的格局已随着城市工商经济与文化的发展而被突破，成为城中分坊，坊中有巷；主干是坊，细枝为巷，坊巷与街市相杂处，坊巷布局从封闭转为较开放。这一结构形制一直延续到后来的元明清，直至今日。[11]

南宋时期，整个临安城划分为若干厢，每厢有若干坊巷，坊巷下有里弄，每厢有小吏进行管理，厢所属各坊巷里弄层层设有地保、里正之类的专职人员，负责该地方的治安。南宋咸淳四年（1268年）编纂的《咸淳临安志》记载，临安城内增至九厢八十五坊巷。南宋时期的杭城坊巷，“临安三志”（《乾道临安志》《淳祐临安志》《咸淳临安志》）皆有所记

登东城望桑麦

载。现略举一二如下：

市西坊

《乾道临安志》载：“市西坊，坝西巷。”《淳祐临安志》同载。《咸淳临安志》载：“市西坊，俗呼坝头，又曰三桥街，今为市曹。”坝头，原名“洋坝头”，俗写作“羊坝头”。吴理人《钱塘里巷风情》一书中，林之的文章着重写出了羊坝头老墙门的味道：古时的杭州濒海，屡受江潮之患，现在的江干一带就是水退沙淤以后逐渐形成的陆地。据说羊坝头就是那时筑坝御潮之处，所以“羊坝”似应作“洋坝”。沧海桑田，到了南宋，这里已是杭州城里最热闹的天街。

天街两边的坊巷里，从古到今住着一代代的老底子杭州人，你看这样的老墙门，里里外外氤氲着厚实的杭州风情，丝丝缕缕地渗出窗棂、板门，流溢在院墙的里里外外。在院子的某个角落里肯定有一个木楼梯，窄而陡的那种，上上下下基本靠着本能和对环境的熟识。从小在这种楼梯上走的人，长大以后都渐渐地搬出去了，走进了那些有电梯的新楼。在面对新生活时，他们也许会有些拘谨，有些闭塞，有些固执，但墙门生活养成的随和，也会使他们很快地融入新生活。

清河坊、康裕坊、南新街

《乾道临安志》载：“清河坊，清河坊巷。”《淳祐临安志》载：“清河坊。”又：“康裕坊，御史台侧。”《咸淳临安志》载：“清河坊，宗阳宫御路对。”又：“康裕坊，御史台西，俗呼八作司巷。”又：“南新街，清河坊里，御史台对。”

清河坊巷，明称“旬宣街”，清称“司前街”“坍牌楼”“外龙舌嘴”“流福沟”，民国后称“府前街”“学院前”“河坊街”。今仍名“河坊街”。它的得名与曾参与谋害岳飞的张俊有关。林之也曾声情并茂地写出了它的古今故事：这一段街旧称清河坊，因有清河郡王府在此。清河郡王就是参与谋害岳飞的张俊。现在杭州人是只说清河坊不说张俊的，张俊此人现与秦桧、王氏、万俟卨四人被铸成铁人跪像，永远跪在岳飞的坟前，受万民唾弃。

清河坊地处朝天门口，旧时靠近南宋大内。经历了那么多朝代，四周深巷名宅林立，又有大井巷、祠堂巷、元宝街等一批名街古巷，积淀了丰厚的文化底蕴。南宋时，御街的这一段就是最热闹的，是瓦子、酒肆、茶坊集中之地，极为繁闹，有“无花儿中心”之美称。清末民初，清河坊的商业繁华一如往昔，河坊街与中山中路的交叉口人称“四拐角”，这里集中了多

三塔基看春草

家杭州的百年老店，有孔凤春香粉店、宓大昌旱烟店、万隆南肉火腿店、天香斋茶食糖果店、张允升帽庄、方裕和南北货店、翁隆盛茶号等。那时，许多老底子杭州人买东西是认准了这些老字号的，甚至不惜从其他城区老远地赶过来。

每座城市都有自己的主题，杭州的主题是闲适，这是一种生活姿态，不固执，不张扬，平和而散淡。河坊街正是这一主题的充分体现。曾在杭州住过几年的著名学者俞平伯这样写道："杭州清河坊的闹热，无事忙耳。他们越忙，我越觉得他们是真闲散。忙且如此，不忙可知——非闲散而何？"

吴山坊

《乾道临安志》载："吴山坊，吴山井巷。"《淳祐临安志》同载。《咸淳临安志》载："吴山坊，俗呼吴山井巷。"

吴山井巷，今名"大井巷"。巷以井名。南起中山中路南段，北至河坊街，与后市街相对。巷内有胡庆余堂、朱养心膏药店、张小泉剪刀店等诸多百年老店。就是这条小巷静静地躺在吴山脚下上千年，巷内有一五代吴越国时僧德韶凿就的大井，水质甘洌，大旱不涸，人称"吴山第一泉"。千百年至今，汲水者终日不绝。井边街道，虽晴亦湿。南宋绍兴年间（1131—1162年），太尉董德之以井有落水死者，作大方石板盖之，井口只能下水桶，共五眼。如今这五眼井被盖进了深宅大院，终日大门紧锁，那曾经络绎不绝的汲水场面恐怕再难重现。

三、自然山水润无声

明代《西湖游览志馀》记载："外方人嘲杭人，则曰杭州风，盖杭俗浮诞，轻誉而勾毁，道听途说，无复裁量。如某所有异物，某家有怪事，某人有丑行，一人倡之，百人和之，身质其疑，皎若目睹，譬之风焉，起无头而过无影，不可踪迹。"故杭谚云："杭州风，一把葱，花簇簇，里头空。"

远在上古时期，杭州地区便多山脉和岛屿，除此以外还有一个马蹄形的浅海湾。三面群山环抱：西北是北高峰和老和山；东南是凤凰山和吴山，形成左右两翼；西南是飞来峰、南高峰和青龙山。随着后来的地壳运动、海陆变迁，这三面群山奔泻出来的泉水，夹带的泥沙和石块，在海湾周围慢慢沉积下来，逐渐形成陆地，海湾便逐渐缩小，形成了后来的新陆地，与长江三角洲连成了一片，在这个过程中西子湖的雏形被慢慢地孕育出来。那时，葛岭、宝石山到吴山一带，还是浅海湾的缺口处，与海洋相通，由于海潮带来的泥沙在这个缺口附近沉积，

初阳台

慢慢地形成了巨大的堆积体。古人云："西北山老，东南山嫩，嫩则有生气。"东南的山之所以生机盎然，是与其独特的地理气候条件分不开的。

杭州的山之多仅从名字上就可知。吴山、紫阳山、云居山、孤山、宝石山、凤凰山、将台山、玉皇山、南屏山、五云山、南高峰、北高峰、三台山、老和山、飞来峰、天竺山、超山、径山、半山、皋亭山等等。

杭州的水，纵横交错、源远流长，大到江海、小到井泉。有钱塘江，西湖，运河、中河、东河、贴沙河、浣纱河、余杭塘河、小河、上塘河，虎跑泉、玉泉、白沙泉、白鹿泉、法雨泉、金鼓泉、青衣泉、梦泉，龙井、相国井、西井、四眼井、钱塘第一井、郭婆井、八眼井、白玉蟾井等。

"一方水土养一方人。"正是这些优美的自然环境，深深地影响了生活在这片土地上的人们的身心。这优美的自然环境给人的心灵以自由的徜徉，会自然地让人放慢脚步，掸去浮躁。

杭州能够成为江南的"鱼米之乡""丝绸之府"，不仅是因为其得天独厚的自然条件，还因为其特殊的气候条件。杭州处于亚热带季风气候区，冬夏季风交替显著，年平均温度适中，四季分明，阳光充足，雨量充沛，对农作物生长非常有利。这里河渠纵横、土质肥沃，不仅适合种植水稻，还适合粮、棉、桑、麻的生长，茶叶的种植、竹木山货贸易以及养殖业的发展等等。不过，这一地理坐标也导致了特有的气候现象——梅雨、伏旱和台风，地势低洼处，地下水位高和排水不畅时，容易遭受洪水、海潮、饮水变咸、土壤返盐等灾害。如此，杭州还能够成为"人间天堂"，离不开世代杭州人的艰苦奋斗。

1."杭儿风"之西湖吹得游人醉

杭州山明水秀，风景如画。杭州之美，美在西湖，三面环山一面城，山外有江，江通大海，湖山江海汇集一处，城市山林交相辉映。千百年来醉倒了无数文人墨客，让他们情不自禁地为她低吟浅唱；现在又有无数的国内外游客，因她流连忘返。

西湖的美，在山、在水、在一草一木之间也。她因不同季节、不同时空、不同视角的变化而散发出无穷无尽的魅力。春时，桃红柳绿，牡丹如灼，花草树木，把西湖装扮得流光溢彩；夏时，小荷才露尖尖角，绿叶如盖，三岛环翠，尽显西湖的热烈与豪迈；秋时，三秋桂子，远山青黛，塔影摇曳，方显西湖的低吟与浅唱；冬时，风花雪月，残荷孤傲，冷凝碧水，彰显西湖的洒脱和冷峻。

西泠桥玩落花

美丽的西子湖，倘若没有美丽的故事，大概会少了许多的灵气。

相传，很久以前天上住着一条玉龙和一只金凤，它们在银河的仙岛上找到了一块璞玉。它们每天不停地琢磨璞玉，很多年过去了，这块璞玉终于被它们琢磨成了一颗晶莹剔透、光芒四射的明珠。明珠的光芒照到哪里，哪里就树木常青、繁花似锦。没多久，这件事就被王母娘娘知道了，她也看中了这颗明珠，便派天兵天将趁玉龙和金凤熟睡之际偷走了明珠。玉龙和金凤醒来后，四处寻找，终于发现光芒四射的明珠在王母娘娘手中，它们赶去向王母娘娘索要明珠，可王母娘娘不肯归还。玉龙、金凤与王母争夺时，一不小心将明珠掉落人间，变成了西湖。玉龙和金凤舍不得自己琢磨多年的明珠，也随之降落，一个变成玉龙山（玉皇山），一个变成凤凰山，永远地守护在西湖边上。

美丽的传说，给西湖蒙上了神秘的面纱。自古以来，无数名人骚客对西湖总是低吟浅唱。

唐代白居易《忆江南》：

江南忆，最忆是杭州。山寺月中寻桂子，郡亭枕上看潮头。何日更重游？

宋代柳永《望海潮》：

东南形式，三吴都会，钱塘自古繁华。烟柳画桥，风帘翠幕，参差十万人家。云树绕堤沙，怒涛卷霜雪，天堑无涯，是列珠玑，户盈罗绮，竞豪奢。

重湖叠巘清嘉，有三秋桂子，十里荷花。羌管弄晴，菱歌泛夜，嬉嬉钓叟莲娃。

千骑拥高牙，乘醉听箫鼓，吟赏烟霞。异日图将好景，归去凤池夸。

宋代苏东坡《饮湖上初晴后雨》：

水光潋滟晴方好，山色空蒙雨亦奇。欲把西湖比西子，淡妆浓抹总相宜。

宋代林升《题临安邸》：

山外青山楼外楼，西湖歌舞几时休。暖风熏得游人醉，直把杭州作汴州。

西湖经过历代劳动人民的整治和建设，到南宋时已花团锦簇，“一色楼台三十里，就中无处觅孤山”。著名的“西湖十景”，这时也已形成。“上有天堂，下有苏杭”的谚语便是因北方人民随宋室南迁，羡慕江南苏杭一带的繁华富庶而有的。随着杭州城市的繁荣，旅游业也

山满楼观柳

得到了空前的发展。酒肆茶楼、艺场戏院、驿站旅舍等服务行业也随之兴盛起来。当时进杭城的通衢闸口白塔岭下，刊印了杭州历史上第一种旅游地图——《地经》，出售给过往的商人和游客。

到了清代，由于康熙、乾隆二帝多次南巡到杭游赏，西湖的整治得到了之后的历代统治者的重视，且景观景点大增。雍正年间（1723—1735年），浙江总督李卫主持大规模治湖，缮修胜迹，又增"清代西湖十八景"，景目为：湖山春社、功德崇坊、玉带晴虹、海霞西爽、梅林归鹤、鱼沼秋蓉、莲池松舍、宝石凤亭、亭湾骑射、蕉石鸣琴、玉泉鱼跃、凤岭松涛、湖心平眺、吴山大观、天竺香市、云栖梵径、韬光观海、西溪探梅。这些新增的景目，使清代前期杭州旅游景观景点在不断增多，景区不断拓展，并向西湖四周进一步扩大至天竺、云栖、西溪及其附近一带。这些著名的景观景点所包含的已不仅限于西湖的湖光山色等自然景观，而且包含了著名的园林建筑、人文景观，如西湖的玉带桥、孤山的放鹤亭、宝石山的来凤亭、丁家山的焦石山房、钱王祠前的功德牌坊、涌金门外的亭湾骑射场……自然与人文景观的结合构成了西湖的美。

这"清代西湖十八景"仅仅是清代前期杭州新增的景目中之卓著者，不包括这些大景目中的细目，如"吴山大观"景目，实际还包含了金地笙歌、瑶台万玉、紫阳秋月、三茅观潮、鹿过曲水、鹤步寒山、峨眉月照、梧岗飞瀑、枫岭红叶、云居听松等"吴山十景"。

2."杭儿风"之弄潮儿永立潮头

"八月十八潮，壮观天下无！"钱塘江潮水自古蔚为天下奇观。"弄潮儿"一词出现在杭州，让彪悍的北方男儿颇显意外，可如果让这些北方男儿也做起这么惊险的动作来，可能也没那么大的胆儿。有关"钱江弄潮"的记载，最早见于《越绝书》。越王勾践对计倪说，浙江浩荡之水，惊涛骇浪，若要起船伐吴，航行险阻。古人不知道涌潮的道理，便编出许多神话来，有伍子胥、文种弄潮等。相传春秋战国时期，吴国忠臣伍子胥苦谏吴王杀死越王勾践，吴王不听，反而杀害了伍子胥。伍子胥在临死前对儿子说："我死后，把我的遗体投入钱塘江，我一定朝暮来潮，看吴国的失败。"后来，每当涨潮时，伍子胥驾素车，乘白马，站立在潮头之上，那隆隆如雷的涛声，被老百姓们认为是伍子胥愤愤不平的声音。其实，那如千军万马的钱江潮势，是和它的特殊地理形态分不开的。因为钱塘江是个典型的三角江，它的形状像个大喇叭，江口大，江身窄，口门附近宽达一百千米，而翁家埠一段宽仅四五千米。另外，

苏堤看桃

在江口底下横跨着巨大的拦门沙坎，古书上称为“沙滩”，它像是一条门槛。当潮来时，远远望去，如阴线一排，从浩渺的江口向内翻涌，愈近愈大，潮头带着雪白的浪花旋卷而来。由于江道顿然敛束，加上受到“沙滩”的阻拦，后浪推前浪，势如玉城雪岭，形成波澜壮阔的涌潮，直扑塘堤。盐官镇的塘堤离江面有七八米高，在塘堤旁原有一只“镇海铁牛”，重三千多斤，1953年8月的一次大潮，竟把它冲走十几米，可见涌潮力量之大。

由于江潮蔚为奇观，史书上有不少钱江观潮的记载。晋代大画家顾恺之有钱塘江《观涛赋》传世：

临浙江以北眷，壮沧海之宏（洪）流。水无崖而合岸，山孤映而若浮。既藏珍而纳景，并激波而扬涛。其中则有珊瑚明月，石帆瑶瑛，雕鲶采介，特种奇名。崩峦填壑，倾堆渐隅，岑有积螺，岭有悬鱼。模兹涛之为体，亦崇广而宏浚。行无常而参神，期必来而知信。势刚凌以周威，质柔弱以协顺。

唐朝的时候，每逢农历八月十八日，远近百里的人们，都竞相赶到江边观潮。当时著名的大诗人白居易等，都写有杭州观潮诗。到了南宋，观潮之风更加兴盛，从庙子头到六和塔，沿江十多里的楼宇和江边，都是观潮的人群，朝廷还集合金山、澉浦等地的水师万人，在钱塘江中检阅；又有游泳健儿斗风劈浪，竞相夸技。等到江潮一出海门，这些个被称为“弄潮儿”的人，个个披发文身，手拿大彩旗或小清凉旗、红绿小伞，百十为群，跳进奔腾澎湃的潮头中，执旗泅水，踏浪翻涛。其中有弄潮技巧特别出众的，一人手脚竟执五面小旗，在浪峰波谷中腾跃百变，在鲸波万仞中出没起伏，惊险异常而旗尾不湿。有的脚踩一叶小舟，在浪峰波谷中忽隐忽现，穿行自如，当然也有被惊涛骇浪吞没的。

唐代白居易作《潮》诗道：

早潮才落晚潮来，一月周流六十回。不独光阴朝复暮，杭州老去被潮催。

宋代苏轼有诗《催试官考较戏作》壮写天下奇观钱江怒潮：

八月十八潮，壮观天下无。鲲鹏水击三千里，组练长驱十万夫。
红旗青盖互明灭，黑纱白浪相吞屠。人生会合古难必，此景此行那两得。

宋人潘阆《酒泉子》有云：

天然阁上看雨

长忆观潮，满郭人争江山望。来疑沧海尽成空，万面鼓声中。弄潮儿向涛头立，手把红旗旗不湿。别来几向梦中看，梦觉尚心寒。

潮可娱人，也可杀人。每年观潮时，弄潮儿有死伤，观潮儿也有死伤。

据南宋洪迈的《夷坚志》记载“钱塘江潮，八月十八日最大，天下伟观也。临安民俗，太半出观。绍兴十年（1140年）秋，前二夕，江上居民或闻空中语曰：‘今年当死于桥者数百，皆凶淫不孝之人。其间有名而未至者，当分遣促之。不预此籍，则斥去。’又闻应者甚众，民怪骇不敢言。次夜，跨蒲桥畔人梦有来戒者云：‘来日勿登桥，桥且拆。’旦而告其邻数家，所梦皆略同，相与危惧。比潮将至，桥上人已满，得梦者从傍伺之，遇亲识立于上者，密劝之使下。咸以为妖妄，不听。须臾潮至，奔汹异常，惊涛激岸，桥震坏入水，凡压溺而死数百人。既而死者家来，号泣收敛。道路指言：‘其人尽平日不逞辈也。’乃知神明罚恶，假手致诛，非偶然尔”。

在历史的长河中，弄潮儿不仅仅被世代承袭下来，中间也逐渐演变成市侩之举。豪家贵宦为了取乐，纷纷争掷银钱、金帛财物，视平民百姓的生命为儿戏。尽管如此，民间的很多东西却拥有着野草一样的倔强生命力，所成民风往往是一传千年，弄潮儿便是。弄潮儿们有如此好的水性，不全是为了表演，也是一种生活的需要，更是一种生存的智慧。他们在平常的日子里，会到潮里去抢“潮头鱼”。这是一项绝技，有时候在观潮时也会夹杂在表演的节目里，但更多的则是一种生活状态。他们只穿一条短裤，腰上系一只鱼篓，肩上扛一竿鱼兜，于潮水涌来之前，抢先奔跑到潮水尚未冲击到的海滩上，以最快的速度，将那些被水冲昏了头脑的鱼儿敏捷地兜住，放进鱼篓内。这时，潮水已经离他们很近了，岸上的人都如热锅上的蚂蚁为他们着急，怕他们被潮水卷走，就在此时，只见这些弄潮儿已提篓跳上了岸。抢“潮头鱼”是非常危险的，哪怕水性再好，如果掌握不好速度与时机，随时都有葬身潮水之中的危险。

历代劳动人民为了防止潮患，与大自然展开了搏斗，在塘堤建筑方面获得了许多宝贵的经验。根据《水经注》的记载，钱塘江的塘堤工程，早在汉代就已经开始。但有比较详细的历史记载，则始自五代。后梁开平四年（910年）八月，在候潮门、同江门外筑堤，开始用“版筑法”，就是两面用木板夹起来，中间填土，因潮水汹涌，版筑不成。后来用大石块装在竹笼里，外面再打上大木桩，终于垒筑成堤岸。到了宋代，改用巨石砌筑。元朝的时候，除杭州一

苏堤春晓

带已是石塘外，其他地方也大部分改筑石塘。从明朝开始，采用“叠砌法”和“坡陀法”，提高了筑塘技术。后来又改砌成阶梯形，一层层地叠砌，基础较大，上面较小，塘身斜向海底，这就大大减轻了海潮的冲击力。在砌筑塘堤的工程中，由于不断总结经验，至清代，钱塘江的海塘已经比较完备了。

3.“杭儿风”之默默运河母亲情

据史料记载，中国大运河有着2400多年历史，全长1797千米，是世界上里程最长、工程量最大的古代运河，也是最古老的运河之一。大运河与长城、坎儿井并称为中国古代的三项伟大工程，并且使用至今，是中国古代劳动人民创造的一项伟大工程，是中国文化地位的象征之一。

春秋时期，吴王夫差在扬州开凿邗沟；隋开皇七年（587年），隋文帝开凿了江都至淮安的山阳渎；大业元年（605年），隋炀帝开凿了洛阳至淮安的通济渠；大业四年（608年），开凿了北京城区西南隅至黄河的永济渠，完成了以洛阳为中心的大运河的建设。到了唐宋时期，运河航运更加繁盛。绍兴八年（1138年），南宋选择临安（今浙江杭州）建都，得益于运河的发展，同时，南宋150多年的经济、文化和艺术等也推动了大运河的发展。元朝定都北京后对运河加以改造，截弯取直，形成了现在的京杭大运河。元朝以前运河不过余杭区塘栖镇而是走上塘河，即从杭州过德胜坝向东北，经东新关，过临平，至海宁市长安镇翻闸，入崇德县（今桐乡崇福）而后上嘉兴。元代改造后经塘栖至崇福，再经石门抵嘉兴。明代和清代中前期运河已成为漕运的主要通道，纵贯华北平原、淮海平原、杭嘉湖平原；流过了汇聚我国半壁文化的荆楚、燕赵、齐鲁、吴越；连缀五大水系的海河、黄河、淮河、长江和钱塘江；串联湖州的太湖，嘉兴南湖，江苏洪泽湖，山东微山湖、东平湖等大湖泊；经过北京、通州、天津、沧州、衡水、德州、聊城、泰安、济宁、枣庄、宿迁、淮安、扬州、常州、无锡、苏州、湖州、嘉兴、杭州等主要城市。清嘉庆年间出现汇票后运河渐衰、失修，黄河北岸段梗塞，随着公路、铁路等兴起，运河曾经的繁华已成历史。

一条大运河见证了中国社会千年历史的变迁，有数不清的故事在河上流传。它因水而兴运，缘运而聚商，倚商而成市，随市而显貌，貌以时迁，随时而变，并与时俱进。如果说长城是凝固的历史，那运河则是流动的文化。运河两岸的居民，基本上是终年劳累在运河上并以它为生的商人和劳工。他们择河而居、遇水而生逐渐形成人居规模。杭州沿运河的拱宸桥、

东郊玩蚕山

小河直街和关帝庙、张大仙庙、香积寺、元帅庙等都因运河而兴。这些式样和风格各不相同的建筑，本身就蕴含着丰富多彩的民间故事和传说。运河的民俗文化大隐于市，兼容并蓄，形成各地不同而独特的文化，比如，老底子杭州半山每年会举办庙会祈蚕，家家祀蚕神、谢蚕神、接蚕花、请蚕花、做蚕园、吃蚕花包子、演蚕花戏，十分热闹。不仅如此，运河边还保留着不同形式的祭祖活动，钱塘江南面每年农历七月十五日傍晚就会在浦阳江上放荷灯，以表示对亲人的思念。这些有意义的民俗活动，是千百年来运河两岸的百姓在用一种朴素简单的方式传承自己的民族感情。民俗就像是一国民族存在手上的一根红线，它是民族的魂、民族的根，一个没有自己文化表叙的民族，就像一个没有家的人，毫无归属感，失落、彷徨。

杭州是运河的南端，运河从北到南穿城而过，画家吴理人小时候就在运河里过夏天，与玩伴一起摸螺蛳、捉虾儿、游泳、打水仗……也会听老人讲京剧大师盖叫天在拱宸桥唱戏发迹走红，清代光绪年间（1875—1908年）张大仙给人看病积德成仙，以及信义巷、珠儿潭等由来的故事。吴理人最早画运河是在20世纪70年代末，那时他在一家涉外企业工作，经常往返于苏州、扬州乃至北京等城市出差，那时全国都是百废待兴，杭州老城的基本格局没变，百姓生活仍旧承袭旧样。那似曾相识的情景使他内心澎湃，促使他拿出速写本把很多地方都画下来。至今他仍清晰地记得去湖州双林是乘当地渔民的小船轻轻地摇进去的，坐在水中的小船内，那一座座古桥在他的头上掠过，水是那么的清澈，湖面是那样的宁静，耳边只听见摇船的水声和偶而一声受惊鸟儿飞过的叫声。那时城市里很安静，没有现在这么嘈杂，从小生活在水乡所固有的那种情节，都化作了他指尖笔下的画面。现如今当他再翻开多年积累的写生稿，心情仍旧激动不已。往事如烟，然那一幕幕场景似乎又近在咫尺。现在运河两岸的很多地方和几十年前比起来都已经是沧海桑田，变得洋派起来，像洋公园，霓虹闪烁，可却少了旧时的平和、亲民、纯真。

杭州人的文化性格还表现在社会历史方面。从秦朝钱唐设县算起，杭州建城已经2200多年。其中，对杭州人文化性格的影响有两个重要的时期：一是吴越时期，二是南宋时期。后人又在前人的基础上继承和发展了这种优秀的历史文化。

明代著名养生家高濂，曾写了一部《遵生八笺·四时幽赏录》，把杭州四时可观赏的内容和景物列出了四十八条，给我们后人留下了宝贵的遗产。

注 释

①司马迁:《史记》,中华书局,1956,第261—262页。

②林华东:《浙江通史·史前卷》,浙江人民出版社,2005,第1—19页。

③蒋乐平:《跨湖桥遗址的思考》,《中国文物报》2002年5月31日,第7版。

④严文明:《良渚随笔》,余杭市文史资料委员会编:《文明的曙光——良渚文化》,浙江人民出版社,1996,第30页。

⑤杨善群:《越王勾践新传》,上海人民出版社,1988。

⑥吴任臣:《十国春秋》,中华书局,1983,第1096页。

⑦张大昌辑:《杭州八旗驻防营志略》,辽宁大学出版社,1994。

⑧周峰等编著:《元明清名城杭州》,浙江人民出版社,1990,第1—16页。

⑨周峰主编:《民国时期杭州》,浙江人民出版社1992,第1—18页。

⑩以上信息主要参考:倪士毅等:《隋唐名郡杭州》,浙江人民出版社,1990,第15—25页;周峰等主编:《吴越首府杭州及北宋东南第一州》,浙江人民出版社,1988,第26—32页。

⑪周峰等主编:《吴越首府杭州及北宋东南第一州》,浙江人民出版社,1988,第32页。

第二章　风物传

第一节　圣贤名人

一、华信

华信是杭州历史上最早一位治理钱塘江古海塘防水患的官员，是杭州的功臣。“华信筑塘”的故事，老底子杭州人家喻户晓。这个故事被记载于刘道真《钱记》中。讲的是，汉代有位叫华信的地方官员，他见每年的钱塘江怒潮时时吞噬两岸居民的生命和财产，是钱唐县的最大祸患。他苦思冥想终于想出了一个计策，“议立此塘以防海水，募有能致土一斛者，与钱一千。旬日之间，来者云集。俄云不复用矣。民皆弃石而塘成，故名钱塘”。于是，华信在今天杭州西湖东岸即南山路、湖滨一带修筑了一条堤坝。正是因为有了这条防海大堤，从六朝开始，钱唐县治中心东移，从原来的灵隐山下逐渐移至宝石山东面。原本没有西湖的杭州，也正因为这条大堤西湖始成，才有了湖东的市区。

关于“华信筑塘”，民间则流传着与史书记载大相径庭的传说——《华信巧计筑钱塘》。大致的意思是说，属会稽郡钱唐县治下的议曹华信，想为老百姓办实事，筑塘阻潮，可是却苦于无权无势无财，无法征得民工开工，整天闷闷不乐。这事后来被华信的妻子云娘知道了，云娘是个贤惠的妻子，便替华信想到了一个好计策。请在乡人中威望最高、正直又有文化的鲁直来帮忙。一天，夫妇二人便上演了一出“苦肉计”，请鲁直到家里来吃酒。席间，华信以助兴为由让13岁儿子背诵《论语》，却被家人告知儿子已经睡下，不方便叫醒。华信认为儿子偷懒，要家法伺候，又到后来，得知是因为儿子发烧生病，所以才吃了药睡下的“真相”后，坚持要惩罚自己，他的手心被打得又红又紫，还笑着陪鲁直吃完了这顿饭。这一切鲁直都看在眼里，记在心上，觉得华信是个诚实守信的君子，甚是佩服。

就这样，华信依靠鲁直的影响力和威信，硬是让那些不再相信官员话的百姓相信了自

三生石谈月

己说的话：凡是挑土筑塘者，每斛土石换一千钱。可就在挑土筑塘者越来越多、越来越高兴时，有一天华信突然宣布，以后挑土不再给钱了，因为他没有想到会有这么多人前来挑土石，所以钱不够了，不过给大家发放竹签，并让他们保存好，等以后有钱了再给大家。让华信没想到的是，在鲁直的影响下，乡人们尽管每天没有钱领，可依旧还是来挑土石筑塘。因为他们相信，只要是华信说过的话就一定会兑现。很快，一条又高又宽又牢固的堤坝便筑成了。当潮水再来的时候，有堤坝阻隔，大片的良田再也不会受到潮水的侵袭了，老百姓的日子越过越红火。于是大家都感念起华信的好处来：若是没有华信，他们的日子哪里会这么安逸？于是大家都不再提拿竹签去换钱的事了。

老百姓不提，可是华信没忘，鲁直没忘，云娘也没有忘。一天，鲁直来到华信的家里，尽管什么也没有说，可华信知道他是为老百姓的工钱来的。毕竟，鲁直是个正派、守信之人，在老百姓心目中从未失过威望，从来都是说到做到。而这一次筑塘，虽说老百姓因为受到了恩惠，所以不来讨钱，但华信知道工钱的事鲁直不会不管。此时，华信知道到了必须要给鲁直一个说法的时候了。于是，华信就对鲁直说，老百姓的工钱一定付。得到答复后，鲁直回去了，可华信却犯了愁，因为他自己也不知道这钱要到哪儿去弄。云娘知道后，便又心生一计策，便对华信说，工钱的事她来办。第二天，云娘带着丫鬟早早地出了门，来到闹市区的一家做寿桃的店铺，定做了四十个寿桃，并要求后天一早送到府上。店老板是认得云娘的，巧妙地问道："夫人来定做寿桃，不知是给府上哪位祝寿啊？"云娘说道："是我家老爷四十大寿，想摆个家宴给他庆祝庆祝。"云娘还特意对老板说，千万不要说出去，以免惊动乡贤士绅，老板答应一定保守秘密。云娘深谙世道人心，她故意那么说是因为她知道那些商家和地方上有头有脸的人物都想巴结官员。所以云娘前脚刚走，老板后脚便出门去"通风报信"了，说华信老爷后天生日，让大家去准备准备，到时候一起去送贺礼。一时间，这个消息传遍了大街小巷。许多官商富户都纷纷包红包、备贺礼，准备后天去给华老爷祝寿。云娘在准备寿桃的同时，也通知了老百姓后天带着竹签到华府兑钱。

果不其然，到了华信"寿诞"的这天，府上是宾客盈门、络绎不绝，所收到的礼物和红包不计其数，有专门的人在统计钱数和礼品。到了晌午时分，华信看到送来的钱数已经差不多了，便请老百姓前来兑钱，他还故意在院子里大声地对着士绅们说："乡亲们，我们杭州的士绅们都是好样的，他们知道修筑钱塘堤坝是积德积福的好事，知道大家的工钱还欠着，便纷

灵隐禅踪

纷慷慨解囊，送来这不少钱财，作为筑堤坝的费用。现在，大家都凭竹签来领取吧。我在这里先代表父老乡亲谢过了。”话音刚落，那些士绅们便窃窃私语：不是说华老爷寿辰吗？怎么变成筑堤坝费了呢？这时，云娘说：“谁说是老爷的生日呢？你们听谁说的？”她转而指向寿桃店的老板，说道：“您说了吗？”老板哪里敢说是自己说出去的，连连摇头回答道：“没有没有，我根本没说过老爷要过寿诞，我是来送筑堤坝费的。”在场的士绅们一听全明白了，纷纷表示说自己是来送筑堤坝费的。

老百姓领到了工钱，欢喜而去；鲁直看到这里，更加认定华信是个诚实守信之人，欢喜而去；士绅们看到此情景，觉得比送华老爷寿诞贺礼还要高兴，皆欢喜而去。华信全家看到这些欢喜的场面，自是欢喜不已。后来有更多在杭州做官的官员受其影响，开启了整治杭州的壮丽篇章。

其后的八百年间，民间对“华信筑塘”的故事代代相传。到了清代，一个叫陈文述的举人对“华信筑塘”的故事新增了情节，说华信所筑的海塘范围是当时的钱塘门到清波门一带。他把华信筑塘的故事想象成是为了保一片水，护一个美丽的湖，而不是保土地、护家园。从此，民间对“华信筑塘”传得更神了。今日，“华信海塘”沿老底子“中河路一线”、沿“中山路一线”、沿“浣纱河一线”等观点都是从“钱塘门至清波门”演化而来的。

二、白居易

白居易（772—846年），字乐天，号香山居士，晚年自号“醉吟先生”，又因他曾官至太子少傅，所以后人也称他“白傅”。白居易祖籍太原，后迁居下邽（今陕西渭南），出生于河南新郑。少年时期，到过江南。唐德宗贞元十六年（800年）中进士，任校书郎、翰林学士。唐宪宗元和年间（806—820年），任左拾遗、左赞善大夫，因直言敢谏，得罪权贵，被贬为江州司马，复移忠州刺史。唐穆宗长庆年间（821—824年），任杭州刺史。此后历任苏州刺史、太子宾客、太子少傅分司东都等职，官至刑部尚书，卒于洛阳。

白居易一生曾两次到过杭州。第一次是在少年时期，他在杭州一带度过了一段漂泊的岁月。第二次到杭州已是年近半百，这次是来做杭州刺史的。

唐穆宗长庆二年（822年）七月，白居易离京赴杭，经三个月的跋涉，于十月初到达杭州。

压堤桥夜宿

白居易在杭州的政绩以兴修水利为最著，其中筑钱塘湖堤和疏通六井两项工程尤为世人所称颂，彪炳史册。

当时的西湖（又称“钱塘湖”）虽筑有旧堤，但堤太低，且年久失修，天旱时，湖水不足，难以灌溉；天大雨时，湖水横流，难于蓄存。白居易经过实地考察与周密的调查以后，亲自主持修建了拦湖大堤。在他离任的前两个月，即长庆四年（824年）三月，这条湖堤终于筑成了，他为此写了《钱塘湖石记》刻石于湖畔，详细说明了筑堤的作用、灌溉的方法，并告诫后任刺史利用此堤时应注意的有关事项，全文如下：

钱塘湖石记

钱塘湖事，刺史要知者四条，具列如左：

钱塘湖一名上湖。周回三十里，北有石函，南有笕，凡放水溉田，每减一寸，可溉十五余顷；每一复时，可溉五十余顷。先须别选公勤军吏二人，立于田次，与本所由田户，据顷亩，定日时，量尺寸节限而放之。若岁旱百姓请水，须令经州陈状，刺史自便押帖，所由即日与水；若待状入司，符下县，县帖乡，乡差所由，动经旬日，虽得水，而旱田苗无所及也。大抵此州春多雨，秋多旱。若堤防如法，蓄泄及时，即濒湖千余顷田无凶年矣。自钱塘至盐官界，应溉夹官河田，放湖入河，从河入田。淮盐铁使旧法，又须先量河水浅深，待溉田毕，却还本水尺寸。往往旱甚，即湖水不充。今年修筑湖堤，高加数尺，水亦随加，即不啻足矣。晚或不足，即更决临平湖，添注官河，又有余矣。俗云：决放湖水，不利钱塘县官。县官多假他词以惑刺史，云：鱼龙无所托；或云菱茭失其利。且鱼龙与生民之命孰急？菱茭与稻粮之利孰多？断可知矣。又云：放湖即郭内六井无水。亦妄也。且湖底高，井管低；湖中又有泉数十眼，湖耗则泉涌，虽尽竭湖水，而泉用有余，况前后放湖，终不至竭，而云井无水，谬矣。其郭中六井，李泌相公典郡日所作，甚利于人。与湖想通，中有阴窦，往往堙塞，亦宜数察而通理之，则虽大旱，而井水常足。湖中有无税田约十数顷，湖浅则田出，湖深则田没。田户多与所由计会，盗泄湖水，以利私田。其石函南笕，并诸小笕闼，非浇田时，并须封闭筑塞。数令巡检，小有漏泄，罪责所由，即无盗泄之弊矣。又若霖雨三日已上，即往往堤决，须所由巡守，预为之防。其笕之南，旧有缺岸，若水暴涨，即于缺岸泄之；又不减，兼于石函南笕泄之，防堤溃也。予在郡三年，仍岁逢旱湖之利害，尽究其由，恐来者要知，故书于石，欲读者易晓，故不文其言。长庆四年三月十日，杭州刺史白居易记。

此《钱塘湖石记》无疑是西湖治湖史上重要的水利文献，白居易恤民济世的拳拳之心于此文中深切可见。钱塘湖堤的成功修筑，大大改善了西湖周围农田的灌溉质量，白居易由此也得到了慰藉，他在《别州民》一诗中写道：“唯留一湖水，与汝救凶年。”他对杭州人民的情感由此可见一斑。

湖心亭景采莼菜

由白居易主持修建的这条湖堤，大约位于今宝石山东麓向北延伸至武林门一带，时人称为“白公堤”。此堤并非现在的白堤。当时的白堤称为“白沙堤”或“沙堤”，白居易诗中屡有提到。后人因纪念白居易，愿意在情感上接受白堤即白公堤之误传。白公堤的筑成不仅有利于农田灌溉，而且发展了交通，促进了杭州的繁荣。白公堤对历史上杭州的经济发展所起到的作用是不言而喻的。

白居易在杭州兴修水利的第二项政绩是解决杭城居民的饮用水问题。由于历史原因，杭州的土地咸碱性很重，可谓是“沮洳斥卤，化为平原”。明代田汝成《西湖游览志》载，杭州淡水水源不足，居民用水要到很远的山涧中去挑，不胜其苦。唐德宗时，杭州刺史李泌在城内开凿了六口井，并引西湖淡水入井，百姓交口称颂。白居易来杭时，连接六井与西湖的通道严重淤塞，于是他决定疏浚。后人对这位大诗人政绩的颂扬，也像从井里流出来的清水一样长流不竭，流传至今。

白居易为建设和保护西湖的自然环境，保证湖面有充足的水域面积，还发布了一条特别的法令：穷人如果犯了西湖管理之法，就罚他在湖边种几棵树；富人如果犯了法，要罚他在湖上辟除葑草。这些法令的实施，使得西湖“湖葑尽拓，树木成荫”。

白居易任杭州刺史三年，不仅在政绩上卓有成效，而且还留下了许多赞美杭州的诗篇，千古传诵。

《忆江南》：

江南忆，最忆是杭州。山寺月中寻桂子，郡亭枕上看潮头。何日更重游？

《钱塘湖春行》：

孤山寺北贾亭西，水面初平云脚低。几处早莺争暖树，谁家新燕啄春泥。
乱花渐欲迷人眼，浅草才能没马蹄。最爱湖东行不足，绿杨阴里白沙堤。

《余杭形胜》：

余杭形胜四方无，州帮青山县枕湖。绕郭荷花三十里，拂城松树一千株。

《春题湖上》：

湖上春来似画图，峦峰围绕水平铺。松排山面千重翠，月点波心一颗珠。

玉带晴虹

碧毯线头抽早稻，青罗裙带展新蒲。未能抛得杭州去，一半勾留是此湖。

长庆四年（824年）五月，白居易任杭州刺史期满，奉诏离杭。他在离杭之际，出现了“杭老遮车辙”的送别场面。他的一首《别州民》，把这种依依惜别之情和自己与杭州父老息息相通之意表达得淋漓尽致：

耆老遮归路，壶浆满别筵。甘棠无一树，那得泪潸然。
税重多贫户，农饥足旱田。唯留一湖水，与汝救凶年。

白居易就这样带着杭州人对他的爱戴，在万众的夹道相送中离开了，他怀着对杭州的赞美和依恋踏上了奔赴洛阳的征途。他为杭州留下了一湖清水、一道芳堤、六井清泉，更留下了许多优美的诗篇。他只是带走了从天竺捡到的两块石头留作纪念，可即便是那荒郊野外的小石头，竟使得他心里惴惴不安，后在《三年为刺史》中写道：“唯向天竺山，取得两片石。此抵有千金，无乃伤清白！”

白居易在杭州的政绩和留下的诗篇，使杭州的美景更加大放异彩，他也如同西湖一般，被后人永远铭记。

被后人记住的除了他为杭州所做的贡献之外，还有他卓越的酿酒技艺。据说，有一年，白居易的老母亲陈氏在长安去世，白居易于是辞官回故里渭北，在守孝的三年里，他除了写诗外，便是酿酒了。在唐代，一般人家都会酿酒，可白居易酿的酒，质高且出众，他还为自家酒作诗：“开瓶泻樽中，玉液黄金脂……”白居易来到杭州做官后，闲暇时间不但酿出了上乘好酒，他还时常将所酿的酒赠与乡邻饮用，直到今天，民间还流传着“白居易‘家酝’除夕赏乡邻”的故事，为百姓所乐道称颂。

三、钱镠

钱镠（852—932年），字具美，小名婆留，杭州临安人。钱镠初生时貌丑声野，父亲钱宽认为不祥，欲弃之屋后井中，幸好因阿婆不许而留下，故而小名“婆留”，并以此名井。有“婆留井”流传至今。

钱镠幼年喜文厌武，至七岁能修文。十五岁，祖父母相继去世，家道渐贫。十六岁便开

山晚听轻雷断雨

始奔走两浙贩卖私盐，养家糊口，侍奉父母。在贩盐途中，目睹乱世，他便奋发练弓弩，读兵法，并广识民情。

唐僖宗乾符六年（879年）七月，黄巢起义军进犯临安，钱镠嘱道旁老妪诳告起义军："临安兵屯八百里了！"他巧施计谋和运用虚张声势等战术，以少胜多打退了黄巢军。次年，各地内乱四起，为保地方安定，钱镠促成董昌联合各县镇兵成立"杭州八都兵"。钱镠深入各部，爱护将卒，不分亲疏，赏罚分明。两年后，占据浙东的义胜军节度使刘汉宏叛乱，并派军驻西陵（今浙江杭州西兴）发兵西进，欲吞并浙西。钱镠率军渡江抵御，斩刘汉宏于会稽市上。平定刘汉宏之后，钱镠担任杭州刺史，董昌则升任浙东观察使、检校太尉、陇西君王等。

正当钱镠致力于北部润州（今江苏镇江）、苏州一带战事时，威胜军节度使董昌又在越称帝，国号"大越罗平"，改元"顺天"。钱镠受诏讨伐。他心念旧交，屯兵城下规劝。董昌表面应允，实则暗地里勾结淮南杨行密偷袭苏州、杭州两地，使钱镠腹背受敌，战况僵持一年有余。唐昭宗乾宁三年（896年）五月，钱镠攻陷越州，俘获董昌。董昌在押解杭州途中，心生愧意，投江自杀。至此，两浙又恢复了统一。同年十月，唐授钱镠镇海、镇东等军节度使。唐昭宗因他讨伐董昌有功，特赐金书铁券给他，可免其九死或子孙三死。同时，派人取钱镠画像悬于凌烟阁。天复二年（902年）五月，受封越王。天祐元年（904年）四月，改封吴王。后梁开平元年（907年）五月，受封吴越王。

钱镠任杭州刺史兼防御使后，就着手建设杭州城。唐昭宗大顺元年（890年）闰九月，杭州城第一次扩建，"筑新夹城环包家山、洎秦望山而回，凡五十里，皆穿林架险而版筑"。这段城垣的扩建，扩大了杭城的西南部。钱镠第二次扩建杭城，是唐昭宗景福二年（893年）七月，钱镠带领十三都兵，征集民夫二十万，筑罗城于外城。这次筑城大大开拓了杭州城范围，相当于现在南到六和塔，东到候潮门至艮山门一线，北到武林门，西到涌金门和清波门一带。共有十门，成了名副其实的罗城——城外之城。第三次是五代后梁太祖开平四年（910年）八月，钱镠修筑捍海石塘。前人所筑海塘都为泥土塘，经不起江浪冲击，而钱镠所建的则是"双重海塘"，以阻挡江潮对杭城的冲击。据史料记载，他的修筑方法是先在堤岸外侧用大木打下木桩六层，两层中间嵌入装有大石块的竹笼，再用灰沙混合土塞紧空隙处筑成外塘，然后在外塘内侧再筑石塘，钱镠筑的这条捍海石塘被后人称为"钱氏捍海塘"。在初定塘基时，恰逢八月大潮汛，钱镠为制伏江潮，曾传有"钱王射潮"的故事。城区曾有的"箭道巷"即今剪刀巷，就是

乘露剖莲雪藕

由“钱镠射潮”得名。这条捍海石塘，从六和塔筑到艮山门，长三十三万八千五百九十三丈，费时两个多月，耗资十万九千四百四十缗，近一亿一千钱。

隋代杭州只有一万五千三百八十户，五代吴越盛时却达“十万余家”。杭州的百井坊巷，传说原来有井九十九眼，就是钱镠所开，故称“钱王井”。钱镠对杭州城的饮水淡化做了大量工作，可谓是“沮洳斥卤，化为乐土”。

后梁乾化二年（912年）七月，梁太祖朱晃尊吴越王钱镠为“尚父”，准许他广建牙城王城，有术士向钱镠献策，如在旧基上扩建，国祚只有百年；如填西湖更建，可以延长十倍！钱镠回答说，百姓靠湖水为生，无水即无民，没有千年不变的君。于是花大力气疏浚西湖，遂后人有诗句“留得西湖翠浪翻”赞扬他。

在钱镠“保境安民”的策略下，吴越国水利大备，岁多丰稔，经济繁荣，物产丰富。当时两浙的手工业也非常发达，主要产品有丝绸、瓷器、茶叶、手工艺品等。“铸山煮海”的盐铁业也很发达。同时，还开拓了海上通道，吴越时的杭州口岸“潮水初满，舟楫辐辏，望之不见其首尾”，被赞誉为“三千里路一条水”。钱镠被封为吴越国王后，“遣使册新罗、渤海王，海中诸国，皆封拜其君长”“钱氏讫五代，尝外尊中国”，钱镠的吴越国俨然成了中国在海外的代表。

钱镠一生都在为“百姓安而兄弟睦，家道和而国治平”的理想在奋斗。他在临终时还不忘嘱咐子孙：“善事中国，勿以易姓废事大之礼。”正是由于钱镠的嘱咐，吴越以后的四位国君，始终遵循他的这一决策，朝奉中原小朝廷。到北宋建立，其孙钱弘俶纳土归宋，实现和平统一，又一次使吴越免遭生灵涂炭，两浙经济免受破坏，这都和钱镠“保境安民”的策略是分不开的。

钱镠一生不光有金戈铁马，还有柔情的另一面。有关这方面的轶事坊间有不少传说。“富贵而不归故乡，犹如衣锦夜行”“陌上花开，可缓缓归矣”……这些故事随着钱镠流传千年。

千百年来，民间关于钱镠的事迹流传最广的要数“钱镠射潮”的故事了，时至今日，仍然是老百姓茶余饭后的谈资。相传，自古以来，钱塘江的潮水不但大而且潮头还很高，而长期受到潮水冲击的钱塘江两岸的堤坝，总是这边才修好，那边又被冲坍了。“黄河日修一斗金，钱江日修一斗银。”那时候，钱塘江潮水令百姓苦不堪言。被时人称为“钱王”的钱镠决定为老百姓解决这天大的难题。一天，钱镠率一行人来到江边，先是对着天地祭拜了一番，然后又写了一首

知音难求

诗，末句云："传语龙王并水府，钱塘借与筑钱城。"便将此诗锁入一铁匣，放在海门山水中，表示要威逼龙王。次日，钱王又派出壮士五百人，每人发箭六枚，齐射潮头。据说只射了五箭，钱塘江潮水就退去了。从此，"钱王射潮"的故事传遍了大街小巷。

四、苏轼

苏轼（1036—1101年），字子瞻，因排行第二，一字和仲，又字长平，号长公；被贬黄州时自号"东坡居士"。四川眉州眉山人，北宋著名文学家，"唐宋八大家"之一，与父苏洵、弟苏辙合称"三苏"。

宋仁宗嘉祐元年（1056年），二十一岁的苏轼和十九岁的弟弟苏辙，跟随父亲入京参加贡试，三人均被录取为高等。次年殿试后，父子三人同科进士及第，世称"三苏"，名动京师，一时传为佳话。从此，苏轼开启了四十余年的宦海生涯，历经仁宗、英宗、神宗、哲宗四朝。

苏轼一生先后两次来杭州任职，总共五年。第一次是在他三十六至三十九岁（熙宁四年至熙宁七年，1071—1074年）时，因苏轼反对王安石的青苗法，而被贬到杭州任通判。第二次是在他五十四至五十六岁（元祐四年至元祐六年，1089—1091年）时来杭州任知州。他热爱杭州，热爱西湖，诗句"居杭积五年，自忆本杭人""游遍钱塘湖上山，归来文字带芳鲜"，字里行间对杭州深情满满。在杭州人的心中，苏东坡不但诗文好，为官做人更叫人赞颂。在杭州历史上，唯有唐代的白居易可以与其媲美。而今灵隐寺大雄宝殿的一副对联：

古迹重湖山，历数名贤，最难忘白傅留诗，苏公判牍。
胜缘结香火，来游初地，莫虚负三秋桂子，十里荷花。

以上楹联可恰如其分地表达杭州人对白居易、苏东坡两位名贤的深切怀念之情。

苏东坡第一次来杭时，西湖淤塞的面积已占十分之二三。十六年后，苏东坡第二次来杭，西湖淤塞荒芜的面积几乎占据一半。见其情况，苏东坡于元祐五年（1090年），从历史、政治、利益、筹资方式、时机等多角度论述了疏浚西湖的重要性与可行性，并上呈朝廷《杭州乞度牒开西湖状》：

杭州之有西湖，如人之有眉目，盖不可废也。唐长庆中，白居易为刺史。方是时，湖溉田千

观湖上风雨欲来

余顷。及钱氏有国，置撩湖兵士千人，日夜开浚。自国初以来，稍废不治，水涸草生，渐成葑田。熙宁中，臣通判本州，则湖之葑合，盖十二三耳。至今才十六七年之间，遂堙塞其半。父老皆言十年以来，水浅葑横，如云翳空，倏忽便满。更二十年，无西湖矣。使杭州而无西湖，如人去其眉目，岂复为人乎？

臣愚无知，窃谓西湖有不可废者五：天禧中，故相王钦若始奏以西湖为放生池，禁捕鱼鸟，为人主祈福。自是以来，每岁四月八日，郡人数万会于湖上，所活羽毛鳞介以百万数，皆西北向稽首，仰祝千万岁寿。若一旦堙塞，使蛟龙鱼鳖同为涸辙之鲋，臣子坐观，亦何心哉。此西湖之不可废者一也。杭之为州，本江海故地，水泉咸苦，居民零落。自唐李泌始引湖水作六井，然后民足于水，井邑日富，百万生聚，待此而后食。今湖狭水浅，六井渐坏，若二十年之后尽为葑田，则举城之人复饮咸苦，其势必自耗散。此西湖之不可废者二也。白居易作《西湖石函记》云："放水溉田，每减一寸，可溉十五顷；每一复时，可溉五十顷。若蓄泄及时，则濒河千顷可无凶岁。"今虽不及千顷，而下湖数十里间，茭菱谷米，所获不赀。此西湖之不可废者三也。西湖深阔，则运河可以取足于湖水。若湖水不足，则必取足于江潮，潮之所过，泥沙浑浊，一石五斗。不出三岁，辄调兵夫十余万功开浚，而河行市井中盖十余里，吏卒骚扰，泥水狼藉，为居民莫大之患。此西湖之不可废者四也。天下酒课之盛，未有如杭者也。岁课二十余万缗，而水泉之用，仰给于湖，若湖渐浅狭，水不应沟，则当劳人远取山泉，岁不下二十万功。此西湖之不可废者五也。

就这样在苏东坡的亲自指挥下，发动二十万民工，经过三四个月的努力，西湖的浩大整治工程基本告成。葑泥筑成的贯穿西湖南北的大堤，被杭州人赞曰"苏公堤"。

苏东坡在杭州施政也是不拘一格的。民间至今还流传着他"画扇断案"的故事，说的是一个经营扇子生意的后生，因天气凉快扇子卖不出而拖欠别人扇款被告，苏东坡听说后让那后生拿了二十把白绢团扇来，并在扇子上画了画，写上字，题了名，落了款。就这样这位后生的团扇被一抢而空，还清了债务。这只是苏东坡工作中的小插曲，他在杭州更多的精力还是放在了造福杭州一方百姓的事情上。

与疏浚西湖息息相关的还有为杭州浚治六井。唐代李泌引西湖水凿钱塘六井，是杭城百姓有口皆碑的一大盛事。李泌后约四十年，白居易任杭州刺史，又继其功，把已经废弃的六井加以疏浚，使得湖井再次相通，水流通畅，解决了杭州人的饮水大事。从白居易到苏东坡时，已经又过了两百五十多年，李泌开凿的六井复又毁废，居民又为卤饮所苦。杭州人饮水，或到西湖，或到十数里外的山溪泉边取水。荷担往返，百姓苦不堪言。

自称"出处依稀似乐天，敢将衰朽较前贤"的苏东坡对此非常不安，于是亲自调查六井

玉皇飞云

的实情。调查的结果是：六井中最大的相国井和相国井之西的西井（又名“化成井”）已经堵塞；相国井西北的金牛池废坏已久；钱塘城边的方井浑浊恶臭，无法使用；方井旁的白龟池和钱塘县治之南的小方井（俗称“六眼井”），如今也已堵塞，水不能自给。

熙宁五年（1072年）秋，在新任太守陈襄的支持下，苏东坡把治井工程交给了两个精通此道的僧人仲文和子珪。仲文和子珪又推荐了他们的弟子如正、思坦做帮手。就这样，以他们四人作为技术力量的核心，又招录各类能工巧匠二十余人辅佐他们进行修井事宜。花了半年时间，六井修好。恰于此时，天降大旱，从长江、淮河流域到浙西六县，所有井水尽皆枯竭。百姓用酒坛盛水相互赠送，如馈赠甜酒佳酿一般，而杭州人却免了此次灾难。这时候，凡是汲井用水的百姓，无不交口称赞陈太守和苏学士，为二公念佛诵经表祝颂。六井疏浚后的第二年，陈襄和苏东坡先后调离，杭州的百姓含泪为他们送行。

十六年后（元祐四年，1089年），苏轼第二次来杭任职，见六井又坏了，于是亲访上次修井的四位僧人，可惜仲文、如正、思坦已相继谢世，唯七十高龄的子珪尚在，且精力不减当年。子珪做了技术改革，以瓦筒代替竹管，并把瓦筒套置在石槽内，再次疏通六井，从此，“西湖甘水，殆遍一城”。苏东坡特地为子珪向皇上请了功，赐其“惠迁”为号。井旁一桥，也被命名为“惠迁桥”。

苏东坡为杭州做的贡献是多方面的。与疏浚西湖、浚治六井、提倡德行、为民解忧相比，他的赈济灾民、设置病场、惠及贫病，更能说明他在杭州的德政。他还建立了中国封建社会最早的公立医院“乐安坊”，精通药理的他还研制了“圣散子”药丸，惠及贫下穷苦人。

苏东坡在杭州为官的五年里，与西湖结下了不解之缘。他的《饮湖上初晴后雨》是对西湖最美的赞歌：

水光潋滟晴方好，山色空蒙雨亦奇。欲把西湖比西子，淡妆浓抹总相宜。

有关苏东坡的民间传说，最负盛名的就要数“东坡肉”了。苏东坡在杭州为老百姓做的每一件好事，老百姓都记在了心里。后来，老百姓打探到苏东坡在黄州的时候喜欢吃红烧肉。于是临近春节的时候，城里男女老少抬猪担酒来给他拜年。苏东坡盛情难却，便收下了酒肉。叫人按照他在黄州时的做法，切成方块，烧得红酥酥的，然后按民工的花名册，挨家挨户把肉分送给他们过年。老百姓看到苏东坡不忘民工，越发爱戴他，把他送的肉叫“东坡

西泠桥畔醉红树

肉”，吃起来也更觉味道鲜美。

苏东坡为人正直，不畏权贵，得罪了许多大臣。朝中的某个奸臣听说他很受杭州老百姓爱戴，便心生歹计，决定找苏东坡的岔子。一日，他来到杭州，在吃饭的饭馆里的菜单上赫然见到了“东坡肉”三个字，便点来品尝，味道确实不错，便向堂倌打听有关东坡肉的更多信息，原来杭城的每一家饭店里都有东坡肉。于是，他便把杭州所有菜馆的名称和相应的菜单，统统收集来，之后，便兴冲冲地回京去了。

这个奸臣回到京城，马上就跑去告御状，说道：“皇帝，苏东坡在杭州贪赃枉法，欺压百姓，坏事做尽，老百姓都恨得吃他的肉！”皇帝问他：“你是怎么知道的？可有实证？”于是，御史就把事先准备好的饭馆名称和菜单呈了上去。皇帝本来就昏庸，一看有那么多菜馆的名称和含有“东坡肉”的菜单，也不分青红皂白，立刻传下一道圣旨，将苏东坡革掉官职，发配到海南。苏东坡被贬之后，杭州的老百姓仍旧不忘他的好处，还像过去一样赞扬他。人们为了纪念他，把他疏浚西湖时筑的堤称为“苏堤”，还把东坡肉公推为杭州“第一道”名菜。

第二节　历史传说

一、苏小小

苏小小的故事，老底子杭州人是老幼皆知，人人都晓得杭州有个大美人叫苏小小，她的故事就是讲“情义”两个字，做人要有情有义。人们每次路过湖光山色、春花秋雨和烟柳画桥的西泠桥就会想到那个有情有义的苏小小和无情无义的花花公子阮郁，很让人唏嘘、感慨

宝石山下望灯塔

和惆怅。

后人在苏小小墓上修建“慕才亭”，是为给来吊唁的人遮蔽风雨，却被杭州人释义为“摸财亭”。常见杭州人捏着硬币在此使劲拍打着墓壁，发出清脆的啪啪声。墓壁上许多地方因人击打的次数多而出现了一些龟裂和一个个小坑，大小刚好能容纳一枚硬币。谁能成功地把硬币丢到苏小小墓弧形的顶上就说他可发财。

人死能被立碑本是一种荣耀，可苏小小做梦也没想到世人的这般做法。不知让九泉之下的她晓得后是该哭还是该笑。

相传，苏小小是六朝南齐钱唐西泠桥畔的一位姓苏的歌伎。苏小小的祖上曾在东晋为官，后家道中落，苏家便从江南姑苏流落到钱唐，靠祖产经营，却也成了当地较为殷实的商人。苏小小的父母只有她这么一个女儿，十分宠爱，因她长得娇小，所以叫小小。然天有不测风云，苏小小十五岁时，父母相继谢世，于是她变卖家产，带着乳母贾姨移居到城西的西泠桥畔。小小天生丽质，花容月貌，心灵性慧，才艺超群。她爱好自由自在地领略湖光山色，特制一辆油壁香车，往来于西湖山水、堤岸之间。豪门公子、科甲乡绅争相掷金提媒，以至于她的门前总是车来车往，小小却不为所动。

一天，小小在西湖游玩时邂逅了一位俊雅的青年公子——阮郁。两人一见倾心，小小对阮郁吟一首诗“妾乘油壁车，郎骑青骢马。何处结同心，西陵松柏下”来表达情意。从此，苏小小与阮郁形影不离，每日一起游山玩水。可当阮郁的父亲也就是当朝宰相阮道得知儿子在钱唐整日与歌伎混在一起时，非常生气，便把他逼回了金陵（今江苏南京）。阮郁走了，将一段纨绔子弟的薄情寡义，与临别时听上去很美的依依惜别的深情，一起抛在了身后的西子湖中。小小整日企盼，却再也没有丝毫音讯返回。于是小小病倒了。可小小心里明白，自己的出身，怎可相信阮郁白头偕老的誓言？想明白后，小小也就不再为难自己。后来，一些文雅公子前来，陪小小赋诗吟唱。她也渐渐恢复了车马盈门的往昔生活。

又一天，秋高气爽，小小来到西湖南山满觉陇寻赏桂花，不经意间，在石屋洞前，遇见一位正在攻读的书生，他便是鲍仁，虽才华横溢，腹贮学识，谈吐不凡，却因家境贫寒无力赴京求取功名，只好以诗书为伴，借住在清冷的山寺中。一身清俊正气，令小小刮目相看，于是慷慨解囊，助鲍仁进京赶考。古吴墨浪子《西湖佳话》中有这一对才子佳人的对话：

苏小小道：“先生若无齐治均平的大本领，我苏小小风月行藏，便难效力。若是这些客途

烟霞三洞满陇桂雨

资斧，不过百金之事，贱妾尚可为情。”

鲍生听了，又惊又喜道：“芳卿何交浅而言深一至此？”

苏小小道：“一盼而肝胆尽倾，交原不浅。百金小惠，何足为深？先生不要认错了。”

鲍生道：“漂母一饭，能值几何，而千秋同感？施得其人耳。何况百金！但恐我鲍仁不肖，有负方卿之知我，却将奈何？”

鲍仁不负所望榜上有名，出仕做官后，特地赶到杭州酬谢苏小小却得知她因不惧上江观察使孟浪的威逼利诱而遭受风寒病逝于西泠，只是留下了遗言：“我生于西泠，死于西泠，葬于西泠，才不负我小小山水之癖。”鲍仁于是穿戴白衣白帽，亲自祭奠，并建苏小小墓于西泠桥畔，并亲书“钱唐苏小小之墓”。

孟浪，官居上江观察使，因公事路经钱唐，听说西泠桥畔的苏小小尽管身处风尘却不入俗流。自恃少年得志且又身居官位的孟浪便让下人告知苏小小，让她前来拜见自己。未料，三番五次，均被托辞回报，眼看行期将近，孟浪竟然连一睹芳容的机会都没有，一怒之下，便用起了自己的“官权”，命钱唐县衙务必要让苏小小来见他，否则上报朝廷钱唐县怠慢朝廷命官，治他们一个大不敬之罪。

就这样，苏小小素妆淡雅，可仍若出水芙蓉一般来到孟浪的厅堂之中，神态自若，不慌不忙，不卑不亢，不冷不淡，不喜不怒。

尴尬之下，孟浪问：“召汝三日，何以违命？知罪否？”

小小笑答：“相公才智双全，前程无限。妾乃烟花中人，为相公计，不敢玷污美名，不愿耽误大事，故而退避至今日，敢问何罪之有？”

孟浪逼问：“既如此，汝当知违抗命官，良民犹将获罪，莫非烟花中人，不知求生乎？”

小小冷笑：“爱之欲其生，恨之欲其死，相公所欲也。妾生死由之，可置可否乎？！”

两个回合下来，孟浪见自己毫无优势，于是话锋一转：“闻汝聪慧，果然名副其实。不过，此乃口齿伶俐之才，非才学之才。”随即指堂上盆栽梅花道：“汝若能赋诗咏梅，本官便既往不咎，以礼代罪，谅汝当好自为之。”

小小未等孟浪话音全落，已然朗声长吟：“梅花虽傲骨，怎敢敌春寒？若要分红白，还须青眼看。”

从此，有关苏小小的故事广为流传，西泠桥也成为“西湖第一情人桥”。可惜多年之后，

三塔基听落雁

当初鲍仁为其所建之墓早已不在。唐代大诗人白居易在《杭州春望》中有“涛声夜入伍员庙，柳色春藏苏小家”之句，在《余杭形胜》中有“梦儿亭古传名谢，教伎楼新道姓苏”的诗句。到了晚唐，诗中“鬼才”李贺，作过一首题为《苏小小墓》的乐府体诗：“幽兰露，如啼眼，无物结同心，烟花不堪剪，草如茵，松如盖，风为裳，水为珮，油壁车，夕相待，冷翠烛，劳光彩，西陵下，风吹雨。”明代高濂在《四时幽赏录》中所写“西泠桥畔醉红树”也为小小的墓葬添了几分色彩。到了清代康熙南巡时，还曾为小小重建墓碑。民国时期也曾重修。直到1982年，为弥补此缺憾，又重修“慕才亭”。那副有名的楹联才得以与世人相见：“湖山此地曾埋玉，花月其人可铸金。”这副对联曾得到著名文学家茅盾先生的高度评价，他在杭州大学（今浙江大学）做报告时，曾一再赞赏它的文辞与格立。

二、三生石

相传，有一条路叫“黄泉路”，有一条河叫“忘川河”，河上有一座桥叫“奈何桥”，走过奈何桥有一个土台叫“望乡台”，望乡台边有个老妇人在卖孟婆汤，忘川河边有一块石头叫“三生石”。据说，人死之后，灵魂走向黄泉路，到了奈何桥，就能看到那神奇的三生石。它默默地守候在奈何桥畔，静观着那些从红尘中走来等待喝“孟婆汤”的人，然后再看着那些等待轮回转世去投胎的人。在人们的心目中，前世因缘，今世结果，来世期盼和宿命的轮回，缘起缘灭，都丝毫不差地印刻在“三生石”因缘谱上。千百年来，“三生石”见证了尘世中芸芸众生的喜怒哀乐，在它面前三生相报的恩怨情仇仔细对照兑付后，一笔勾销。可谓是“三生石畔悟三生，真性不朽思永恒。今生知遇来世盼，幽魂一缕证前盟”。

杭州三天竺中的下天竺法镜寺旁有一块状貌奇钦磊落、峭拔嶙峋、剔透玲珑的石头，上面刻有碗口大的“三生石”三个篆书红色大字，十分醒目。这就是被世人传颂的——三生石。

我国民间的老百姓历来相信前生今世，中国古代最著名的爱情之一——宝黛的爱情，就是从三生石畔的前生开始的。“三生”源于佛教的因果轮回，所以它是人们心中的灵石。“百年修得同船渡，千年修得共枕眠”，缘定三生一直是杭州人，尤其是两个相爱男女对爱情的美好向往。屹立在灵隐寺旁的三生石，每年都会迎来很多慕名而来的人们。一对对有情人，沿着石板路，拾级而上，山中的静谧和它旁边茶室里传出的涤荡人心灵的大悲咒歌声，此时

胜果寺月岩望月

仿佛静止，那蔓延在三生石旁不知多少岁月的藤蔓仿佛就是连接三生石和来到它面前的人们的红线。站在三生石前，虔诚地向三生石三拜，心中就会升起三生三世的缘分，也定会许下三生盟誓：“执子之手，与之偕老。”三生石可以说是杭州人从古到今缘定三生的见证物，而且所包的含义不只是爱情，只要是下辈子还想再见到的人都可以去拜。诚如朋友也可以做三生的，而三生石正是人们的一种精神寄托方式。

关于三生石有个感人的传说，它讲述了朋友的真情，揭示了世人的本性，描写了生命的精魂，虽然经历了轮回转世后，至深至诚的情义却永不改变。三生石的故事情节，发人深省、使人动容。

故事说的是，唐代的官宦子弟李源，父亲在战乱中亡故的事，使他深深体味到人生的世事无常。于是他发誓不走仕途，不娶妻生儿育女并决定吃斋念佛皈依佛门。李源将全部家产捐赠给洛阳惠林寺，并常住寺内修行。寺内主持圆泽法师，精通佛法，学识渊博。圆泽法师成为李源在佛门里的知己好友，两人经常在惠林寺内谈法和谈心，十分投缘。有时两人能对坐谈论整天。

一天，李源和圆泽相约赴四川，共游青城山和峨眉山，礼拜道祖和普贤菩萨。李源主张从荆州走长江水路进蜀，圆泽主张从长安走斜谷山道入蜀，然而李源非要坚持走水路，圆泽拗不过李源，于是两人便走了荆州水路。当两人乘舟走水路来到南浦时，听说岸边有位妇人怀孕三年却未分娩。圆泽哭着对李源说：“这姓王的女子怀孕了三年，却未生产，正是因为要等我前来投胎。当初我不想走荆州水路，正是想避开这怀孕女子，可今天遇上了，就不能再避开了。三天后，这妇人会产下一婴儿，那便是我转世再生，你前来看望，以相见时一笑为凭。十三年后的中秋月夜，我将与您重逢在杭州天竺寺外的葛洪川畔。”李源听后十分后悔。当晚，圆泽沐浴更衣后圆寂，那妇人也与此同时生下了儿子。三日后，李源去见那婴儿，那婴儿见到李源后果然笑了。于是，李源将事情的原委告知了妇人及其家人，他们一家便把圆泽葬于山下。

李源便不再去四川的青城山和峨眉山，半途折返回了惠林寺。寺中的僧人向李源出示了圆泽主持临走时留下其将圆寂的遗嘱。

十三年后，李源千里迢迢从洛阳赶到了杭州，中秋月下，李源来到天竺葛洪川畔赴约。风清月朗时，见一位牧童骑在牛背上叩着牛角唱道：“三生石上旧精魂，赏月吟风不要论。惭愧情人远相访，此身虽异性长存。”李源见到牧童，悲喜交加，便知灵童一定是圆泽转世，于是

水乐洞雨后听泉

大声问候道："泽公一切都好吧？"牧童回答道："李相公真诚守信，但因我尘缘未尽，所以不能上前，待修成正果后，来世我们再重逢吧！"于是，牧童又叩着牛角唱道："身前身后事茫茫，欲话因缘恐断肠。吴越山川寻已遍，却回烟棹上瞿塘。"唱完，牧童骑牛远去，身影渐渐地消失在茫茫的中秋月光之中。

苏东坡《僧圆泽传》：

洛师惠林寺，故光禄卿李憕居第。禄山陷东都，憕以居守死之。

子源，少时以贵游子，豪侈善歌闻于时，及憕死，悲愤自誓，不仕、不娶、不食肉，居寺中五十余年。

寺有僧圆泽，富而知音，源与之游，甚密，促膝交语竟日，人莫能测。

一日，相约游青城峨眉山，源欲自荆州沂峡，泽欲取长安斜谷路，源不可，曰："吾已绝世事，岂可复道京师哉！"泽默然久之，曰："行止固不由人。"遂自荆州路。

舟次南浦，见妇人锦裆负罂而汲者，泽望而泣曰："吾不欲由此者，为是也。"

源惊问之，泽曰："妇人姓王氏，吾当为之子，孕三岁矣！吾不来，故不得乳。今既见，无可逃者，公当以符咒助我速生。三日浴儿时，愿公临我，以笑为信。后十三年，中秋月夜，杭州天竺寺外，当与公相见。"

源悲悔，而为具沐浴易服，至暮，泽亡而妇乳。三日往视之，儿见源果笑，具以告王氏，出家财，葬泽山下。

源遂不果行，反寺中，问其徒，则既有治命矣！

后十三年，自洛适吴，赴其约。至约所，闻葛洪川畔，有牧童扣牛角而歌之曰："三生石上旧精魂，赏月吟风不要论。惭愧情人远相访，此身虽异性长存。"

呼问："泽公健否？"

答曰："李公真信士。然俗缘未尽，慎勿相近，惟勤修不堕，乃复相见。"又歌曰："身前身后事茫茫，欲话因缘恐断肠。吴越山川寻已遍，却回烟棹上瞿塘。"

遂去，不知所之。

后二年，李德裕奏源忠臣子，笃孝。拜谏议大夫，不就。竟死寺中，年八十。

三、梁山伯与祝英台

20世纪50年代末，青年作曲家何占豪、陈钢，以越剧最具代表性的剧目《梁山伯与祝英台》的故事和主题音乐为素材，创作谱写了小提琴协奏曲《梁祝》，并在上海兰心大戏院首次

资岩山下看石笋

公演，优美多情的旋律，响彻全世界。从此，一个古老的爱情故事——《梁山伯与祝英台》随之复苏了。《梁山伯与祝英台》是中国民间四大爱情故事之一，其他三个是《白蛇传》《孟姜女哭长城》《牛郎织女》。其中，《梁山伯与祝英台》是中国最具魅力的口头传承艺术及国家级非物质文化遗产，也是唯一在世界上产生广泛影响的中国民间传说。

画家从小就听邻居老人讲“梁山伯与祝英台。杭州万松书院、望江门外草桥亭结拜‘兄弟’”的故事。民间传说中梁山伯与祝英台在万松书院同窗三载的幽静地，如今却成为了著名的相亲角。

梁山伯与祝英台的爱情故事为万松书院带来了不同的文化意义，同时也让万松书院有了不一样的风景。

相传东晋时期，浙江上虞县祝家庄，有个祝员外，他家有个女儿叫英台，家中排行第九，人称“小九妹”。英台美丽聪颖，自幼随兄习诗文，慕班昭、蔡文姬的才学，但恨家无良师，一心想往杭州访师求学。祝员外拒绝了女儿的请求，但祝英台求学心切，便买通占卜者，对祝员外说：“按卦而断，还是让令爱出门的好。”祝父见女儿乔扮男装，一无破绽，因为不忍让她失望，只得勉强应允。祝英台女扮男装，带着丫鬟银心，远去杭州求学。途中，于杭州望江门邂逅了同样赴杭求学的会稽（今浙江绍兴）书生梁山伯和其书童四九。两人一见如故，攀谈投机，相读甚欢，便在草桥亭上撮土为香，结为异姓兄弟。越剧《梁山伯与祝英台》中的“草桥结拜”说的就是此地。他们过了望江门，折而向南，便来到了古松葱绿的凤凰山北麓万松岭上的万松书院。两人一起拜师入学，并常常到凤凰山、西湖去游览。从此，两人同窗共读，形影不离。梁祝同窗三年，情深似海。祝英台深爱梁山伯，但梁山伯始终不知她是女子，只念兄弟之情。祝父思女，催归甚急，她无法违抗，便解下身上佩戴的玉扇坠，私下恳请师母做大媒，并托师母将这一爱情信物，转交给她所深爱的梁山伯。在送行中，秉于封建礼教所迫，她不能直抒胸怀，只能多次以景寓情，来暗示梁山伯她是女性，要梁山伯早日去上虞祝家庄求婚。越剧《十八相送》中便有此唱词：“过了一山又一山，前面来到凤凰山。凤凰山上般般有，独缺芍药与牡丹。”然梁山伯忠厚纯朴，不解其故。祝英台无奈，谎称家中九妹，品貌与己酷似，愿替梁山伯做媒，请梁山伯去祝家庄提亲。可是梁山伯家贫，未能如期而至。待梁山伯去祝家求婚时，祝父已将祝英台许配给家住鄮城（今宁波鄞县）的太守之子马文才。美满姻缘，已成沧海。二人楼台相会，泪眼相向，凄然而别。临别时，立下誓言：生不能同衾，死要同

北高峰顶观海云

穴！后梁山伯被朝廷诏为鄞县（今宁波奉化）县令。然梁山伯忧郁成疾，不久身亡，葬于鄮城九龙墟。英台闻山伯噩耗，誓以身殉。英台被迫出嫁时，绕道去梁山伯墓前祭奠，在祝英台哀恸感应下，风雨雷电大作，坟墓爆裂，英台翩然跃入坟中，墓复合拢，风停雨霁，彩虹高悬，梁祝化为蝴蝶，在人间蹁跹飞舞。

《梁山伯与祝英台》的故事终以悲情结束，可他们之间超过生死的爱情被不断地演绎着，那一回《十八相送》像是悲情中开出的一朵小花，那暖暖的唱词始终被人津津乐道。后人纷纷学唱：

> 前面到了一条河，漂来一对大白鹅。
> ……
> 你不见雌鹅它对你微微笑，
> 它笑你梁兄真像呆头鹅。

四、白蛇传

中国民间四大爱情故事之一的《白蛇传》，传说便是发生在美丽西子湖畔的断桥。白娘子和许仙的人蛇奇缘，后来竟演绎出一个旷世情缘的爱情神话故事。

《白蛇传》是一个地道的杭州民间故事，它与雷峰塔有关。雷峰塔，宋太祖开宝八年（975年），为吴越王钱弘俶所建；1924年9月25日，雷峰塔倒塌，刚好军阀孙传芳打进杭州，杭州人不喜欢他，俗语："孙传芳进城，雷峰塔倒。"鲁迅于1924年写过杂文《论雷峰塔的倒掉》，借雷峰塔的倒掉，赞扬白娘子反对封建专制，为争取自由和幸福而抗争到底的不屈精神。

画家小时候就经常听他读过私塾的爷爷给他讲《白蛇传》的故事：白娘娘无辜被陷害，压在雷峰塔底下，贤良淑德的白娘娘，不仅心肠好，最重要的是品德高尚，乐善好施，造福于民。

老底子杭州人都知道，西湖景色，"晴西湖不如雨西湖"。所以，即便是流传了千年的爱情神话故事也和这雨有了联系。当代诗人汪国真曾说："无论什么样的故事，一逢上下雨便难忘。雨有一种神奇：它能弥漫成一种情调，浸润成一种氛围，镌刻成一种记忆。"也正是西湖的春雨中上演了白娘子与许仙的一段千古情缘。

明末冯梦龙纂辑的白话小说《警世通言》，其中有一篇《白娘子永镇雷峰塔》，文中写

策杖林园访菊

到：有一年清明节，杭城里有个做“药店倌”的年轻人许仙，到保俶塔去烧香还愿，未料途中，“不期云生西北，雾锁东南，落下微微细雨，渐大起来。正是清明时节，少不得天公应时，催花雨下，那阵雨下的绵绵不绝”。许仙见雨越下越大，便搭了熟人张阿公划的一条西湖船，冒雨去烧了香。回家途中，许仙又让偶遇的白娘子和丫鬟小青搭船同舟回城，并且还借给了白娘子雨伞并相约次日到白娘子家取伞。这便是一段千古奇缘的爱情传说故事的开头。其中有文这样描写：

(许仙)见脚下湿，脱下了新鞋袜，走出四圣观来寻船，不见一只。正没摆布处，只见一个老儿，摇着一只船过来。许仙暗喜，认时正是张阿公。叫道：“张阿公，搭我则个！”老儿听得叫，认时，原来是许小乙，将船摇近岸来，道：“小乙官，着了雨，不知要何处上岸？”许仙道：“涌金门上岸。”

……摇不上十数丈水面，只见岸上有人叫道：“公公，搭船则个！”许仙看时，是一个妇人，头戴孝头髻，乌云畔插着些素钗梳，穿一领白绢衫儿，下穿一条细麻布裙。这妇人肩下一个丫鬟，身上穿着青衣服，头上一双角髻，戴两条大红头须，插着两件首饰，手中捧着一个包儿要搭船。那老张对小乙官道：“‘因风吹火，用力不多’，一发搭了他去。”许仙道：“你便叫他下来。”老儿见说，将船傍了岸边。那妇人同丫鬟下船，见了许仙，起一点朱唇，露两行碎玉，深深道一个万福。许仙慌忙起身答礼。

那娘子和丫鬟舱中坐定了。娘子把秋波频传，瞧着许仙。许仙生平是个老实之人，见了此等如花似玉的美妇人，傍(旁)边又是个俊俏美女样的丫鬟，也不免动念。那妇人道：“不敢动问官人，高姓尊讳？”许仙答道：“在下姓许名仙，排行第一。”妇人道：“宅上何处？”许仙道：“寒舍住在过军桥黑珠儿巷，生药铺内做买卖。”那娘子问了一回，许仙寻思道：“我也问他一问。”起身道：“不敢拜问娘子高姓，潭府何处？”那妇人答道：“奴家是白三班白殿直之妹，嫁了张官人，不幸亡过了，见葬在这雷岭。为因清明节近，今日带了丫鬟，往坟上祭扫了方向，不想值雨。若不是搭得官人便船，实是狼狈。”

又闲讲了一回，迤逦船摇近岸。只见那妇人道：“奴家一时心忙，不曾带得盘缠在身边，万望官人处借些船钱还了，并不有负。”许仙道：“娘子自便，不妨，些须船钱不必计较。”还罢船钱，那雨越不住，许仙挽了上岸。那妇人道：“奴家只在箭桥双茶坊巷口。若不弃时，可到寒舍拜茶，纳还船钱。”许仙道：“小事何消挂怀。天色晚了，改日拜望。”说罢，妇人共丫鬟自去。

……

许仙入涌金门，从人家屋檐下到三桥街，见一个生药铺，正是李将仕兄弟的店，许仙走到铺前，正见小将仕在门前。小将仕道：“小乙哥晚了，哪里去？”许仙道：“便是去保叔塔烧荖子，着了雨，望借一把伞则个！”将仕见说叫道：“老陈把伞来，与小乙官去。”不多时，老陈将一把伞

乘舟风雨听芦

撑开道："小乙官，这伞是清湖八字桥老实舒家做的。八十四骨，紫竹柄的好伞，不曾有一些儿破，将去休坏了！仔细，仔细！"许仙道："不必吩咐。"接了伞，谢了将仕，出羊坝头来。

到后市街口，只听得有人叫道："小乙官人。"许仙回头看时，只见沈公井巷口小茶坊檐下，立着一个妇人，认得正是搭船的白娘子。许仙道："娘子如何在此？"白娘子道："便是雨不得住，鞋儿都踏湿了，教青青回家，取伞和脚下。又见晚下来，望官人搭几步则个！"许仙和白娘子合伞到坝头道："娘子到哪里去？"白娘子道："过桥投箭桥去。"许仙道："小娘子，小人自往过军桥去，路又近了。不若娘子把伞将去，明日小人自来取。"白娘子道："却是不当，感谢官人厚意！"许仙沿人家屋檐下冒雨回来……

以上描述中，除了交代时间、地点、人物之外，还有许多南宋时就使用，延续至今仍为老底子杭州人所耳熟能详的杭城风景和街巷的名称，有"涌金门""八字桥""羊坝头""后市街"，尤其是古老的涌金门，千百年来和《白蛇传》早已是如影随形。

断桥能如此享誉中外，与民间流传的《白蛇传》故事的唱和是密不可分的。尤其是现代版的《白蛇传》中，几段重要的故事情节都发生在这里。有白娘子和许仙，在此相识，同舟归城，借伞定情，后又经历曲折，在此邂逅，言归于好。真可谓是应了那句"断桥不断"，它承载了如此沉甸甸的情缘，怎可能断？

《白蛇传》的故事与杭州山水名胜结合得最紧密的，除了断桥之外，便是雷峰塔了。《白蛇传》大起大落的故事结局，则发生在雷峰塔。"雷峰塔倒，白蛇出世"——这是法海在镇压白蛇时说的偈语。许仙和白娘子的儿子许仕林的出世，让本来可能成为悲剧结局的《白蛇传》，陡然间又使人们看到了希望。许仕林高中状元后，来到雷峰塔前拜塔、祭塔，那深深的母子、夫妻和家庭之深情感动了上苍，终于使得法海的偈语变成了现实，大团圆的结局终于到来，白娘子一家终于团聚了。

保俶塔顶观海日

第三节 独特物产

一、西湖莼菜

西湖莼菜是杭州一道历史悠久、脍炙人口的名菜。早在两千多年前，我国劳动人民就已采摘它的嫩叶食用。由于它的历史悠久，千百年来拥有了许多的称谓：《诗经》称之为“茆”；《楚辞》称之为“屏风”；《陆机·诗疏》称之为“水葵”；《齐民要术》称之为“水芹”；《颜氏家训》称之为“露葵”；《本草纲目》则曰“锦带”……《周礼》中有“茆沮”一菜，就是用它制作的咸菜。《红楼梦》第七十五回，王夫人孝敬贾母的几样精巧小菜中，就有“椒油莼齑酱”一道凉拌莼菜。莼菜的出名是从晋朝开始的，《晋书·张翰传》记载：“翰因见秋风起，乃思吴中菰菜、莼羹、鲈鱼脍，曰：‘人生贵得适志，何能羁官数千里以要名爵乎？’遂命驾而归。”从此，“莼鲈之思”的典故便成。历代诗人亦以之入诗作脍，为人们所津津乐道。

西湖莼菜，一直是老底子杭州人的最爱，尤其是炎热夏天里，家家户户都会有一碗莼菜汤。那时候，街上常常有人挑着两个木桶来推销莼菜，那时的莼菜不仅地道而且还蛮便宜，老底子杭州人都喜欢吃。莼菜汤不仅味道清香，还富含胶质，营养丰富，如放一些蛋丝和火腿丝，味道则会更加鲜美可口。酷暑难耐的夏日来一碗莼菜汤，不仅开胃还能解暑。相传清代乾隆皇帝巡视江南，每到杭州都必亲点这道美食。

如今，只能在酒楼、宴请时会见到西湖莼菜，杭州人一般也只会在节假日请人喝西湖莼菜汤，过一把杭帮菜的瘾。

西湖莼菜现在是杭州西湖双浦镇的传统产品，追溯其产生历史则也十分久远。明代著名养生家高濂在其《遵生八笺·四时幽赏录》中便特书一景“湖心亭采莼”，文中特别写道：“旧闻莼生越之湘湖，初夏思莼，每每往彼采食。今西湖三塔基旁，莼生既多且美。菱之小者，俗谓野菱，亦生基畔，夏日剖食，鲜甘异常，人少知其味者。余每采莼剥菱，作野人芹荐，此诚金波玉液，清津碧荻之味，岂与世之羔烹兔炙较椒馨哉？”说的就是现在“三潭印月”的位置在那时便广种莼菜。后因西湖被重视保护起来，莼菜便也与西湖里的水无缘了。

六和塔夜玩风潮

杭州西湖双浦的铜鉴湖，被青山绿水所环抱，河泥肥沃，此地莼菜的生长历史已有千年。然而过去一直未被人们重视，只是把它当作一种普通的浮草，被当地人们割来喂猪。坊间传说，新中国成立之初，有一位叫吴金汉的城里人搬迁到了仁桥，看到铜鉴湖里鲜嫩的莼菜被村民割来喂猪时，感到十分可惜。他之所以认得，是因为他早些年从《本草纲目》看到过相关的记载，原来书里记载称“锦带”名的莼菜竟是村民们口中一直称呼的“浮草”。连乾隆皇帝都喜欢品尝这种野味，并为此还写两句赞美的诗“花满苏堤抑满烟，采莼时值艳阳天”。前些年，他在茅家埠等地还采摘过。他觉得就这样割来喂猪实在是太可惜了，于是，每当春末夏初的季节，他就从湖中采些嫩嫩的叶芽，送往杭州楼外楼等知名菜馆，就这样，莼菜被越来越多的人喜爱。年复一年，吴金汉的名字逐渐被人们淡忘，可变废为宝的“浮草大伯”的故事一直在当地的村民中流传并延续着。

西湖莼菜还是杭州的名蔬，由于它鲜美可口、清淡宜人，富含蛋白质和多种维生素，且低脂肪，有开胃、助消化、补虚弱的食疗功效，因此被杭州人称为“杭州第一汤”。

二、西湖龙井

西湖龙井，因产于杭州西湖的龙井茶区而得名，为中国十大名茶之一。“龙井”既是地名，又是泉名和茶名。

龙井本名“龙泓”，又名“龙湫”。故老相传，井与海通，有龙居焉，因而得名。五代时称“龙泉”。南宋咸淳五年（1269年），安抚使潜说友建门，篆“龙井”二字为匾，此名传衍至今。

龙井为泉，以井名之，是西湖古老的名泉，相传，三国吴赤乌年间（238—250年）和东晋时，我国道教的两位“葛仙翁”——葛玄和葛洪，都曾用此井炼丹。龙井和虎跑泉、玉泉并称为“西湖三大泉”。龙井水奇特之处在于搅动它时，水面出现一条水文线，游丝般不断摆动，然后慢慢消失。

而龙井茶，素以“色绿、香郁、味甘、形美”四绝著称于世，名列国内绿茶之首，有“茶中状元”的美誉。龙井茶原有“狮、龙、云、虎”四个品类，分别产于重峦叠嶂、临泉幽美的狮峰、龙井、云栖、虎跑、梅家坞五个地方，其中尤以狮峰所产的龙井茶为最。当地茶农采摘重季节，有茶谚云，“人误茶一季，茶误人一年”“前三日早，正三日宝，后三日草”。采摘时也按

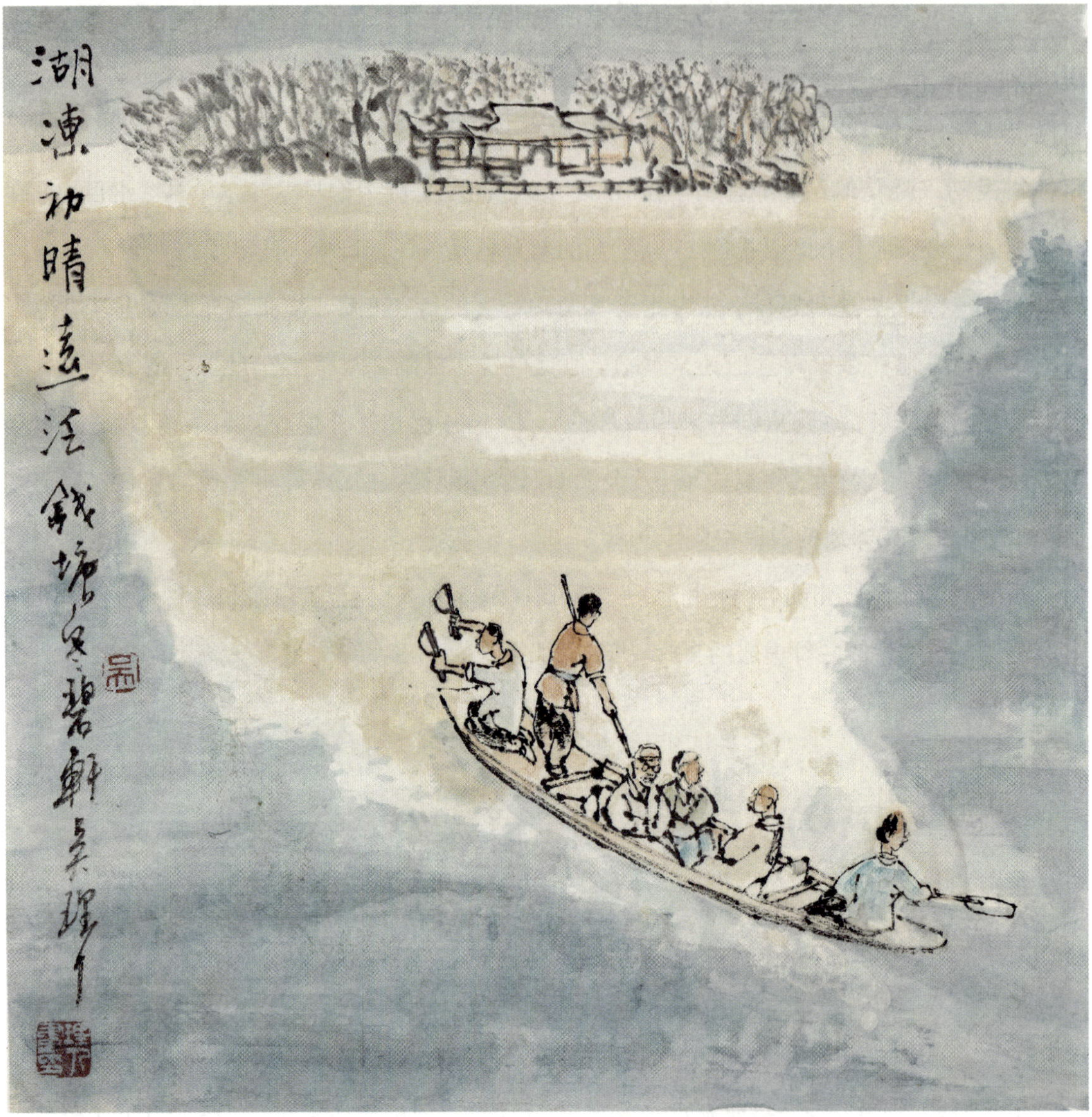

湖冻初晴远泛

茶叶的鲜嫩程度区分品质，采一个嫩心的叫“莲心”，采一叶一芽的叫“旗枪”，采一芽二叶的叫“雀舌”，余者则属常品。高级龙井茶在清明前两三天刚吐嫩心时采摘，叫“明前茶”，乃茶中极品，要三四万个嫩心，才能加工一斤干品。龙井茶的炒制，十分讲究技巧与火候，上好的成品应是茶片扁平挺直，大小长短均匀，色泽嫩绿或淡黄，冲泡后的茶汤，清澈明亮，色呈淡绿，香味清高如茉莉花、兰花，又有先微涩后甘甜的回味，这是极品龙井茶的独特之处。龙井地区能出名茶，是与周围的地理环境分不开的。茶区位于西湖西南一带的群山之间，这里峰峦起伏，其间形成了几个南北走向的山谷，龙井、梅家坞，正是处于这种山谷之中。其地势北高南低，北面山峰耸峙，挡住了北来的寒风，而南面恰对钱塘江岸，南来的和风细雨吹进山谷，不易失散。因此，这里终年气候湿润，朝暮云霭缭绕，加之向阳坡地光照合理，湿度适中，土壤又属适宜茶树生长的酸性红土，自然生态平衡，故龙井茶的品质特别优良。

唐代的茶圣陆羽著《茶经》，其《八之出》记述：“钱塘（杭州）生天竺、灵隐二寺。”宋代，天竺一带的香林茶、宝云茶、白云茶列为贡品。龙井茶约成名于元代。“元四家”之一的虞集，一次游龙井，品尝了用龙井泉水烹煎的雨前新茶以后，写了一首《次邓文原游龙井》的诗：

徘徊龙井上，云气起晴昼。
澄公爱客至，取水挹幽窦。
但见瓢中清，翠影落群岫。
烹煎黄金芽，不取谷雨后。
同来二三子，三咽不忍漱。

明清以来，龙井茶声名鹊起，大量茶书、不少杂著、部分艺文、少数地志都有评述。清代文学家袁枚的《随园食单》“茶酒单”中也说：“杭州山茶处处皆清，不过以龙井为最耳。每还乡上冢，见管坟人家送一杯茶，水清茶绿，富贵人家所不能吃者也。”

当然在龙井茶的发展历史上，其声名远播，广为流传的最关键人物则是清乾隆皇帝。龙井关联的不少名胜古迹都和乾隆有关。史书记载，清高宗爱新觉罗·弘历于乾隆二十六年（1761年）南巡，游西湖，题龙井“湖山第一佳”，又题“龙井八景”：过溪亭、涤心沼、一片云、风篁岭、方圆庵、龙泓涧、神运石、翠峰阁。在民间还流传着乾隆与“十八棵御茶树”“龙井虾仁”的传说。

游龙井，坐龙井，汲龙井，沏龙井，饮龙井，是美的历程。

雪霁策蹇寻梅

老底子杭州的男人一般都喜欢泡茶室，以前茶室有高、中、低档之分，高档的一般是茶楼里设雅室，适合会见重要朋友和洽谈生意等；中档的一般指有说书、听戏的；低档的一般指大碗茶。茶室里茶叶品种蛮多，有明前茶、谷雨茶、白露茶、大红袍、普洱生茶、铁观音、祁门红茶、碧螺春、黄山毛峰，等等。

杭州茶叶以狮峰龙井为佳。老底子杭州人茶客凡有几两明清茶，就“那弄那弄”装派头了。杭州人一般都喜欢喝绿茶，一方水土养一方人，这可能与当地人从小喝绿茶的习惯有关。当然喝绿茶——龙井，益处也蛮多。龙井茶喝多了可以去睡魔，白居易说过，饮茶后，“破睡见真功”。可以醒酒醺，古人云，“以茶醒酒”。还可以在静室，慢慢品茶，涤烦嚣，如“龙井八景”之一的“涤心沼”。如你身处一泓清澈的小溪，人的心肺也像洗涤过似的，不管什么崎岖坎坷、仕途不顺、尘寰秽恶统统洗尽。

三、西湖藕粉

在西湖一些风景区的茶室里，除了可以品饮满口清香、回味无穷的龙井茶之外，还可以尝一尝现冲的桂花“西湖藕粉”。

画家曾因醇香园百年老字号后人之请，画过百年老字号醇香园在解放路与官巷口交叉处的旧址。醇香园曾以专营西湖藕粉而享誉东南亚，西湖藕粉与西湖莼菜一样是杭州名品，杭州人习惯送亲朋好友的特产中常常有西湖藕粉：一来价格便宜；二来携带方便；三来在国内外有名，是杭州的品牌；四来其风味独特，营养价值高，旧时是为皇家提供的“贡粉”，有故事。故杭州人觉得西湖藕粉送人，很有面子。

提到藕粉，人们自然会想到“出淤泥而不染，濯清涟而不妖”的美丽荷花，因为藕粉就是它的地下茎——藕，并由其磨制而成。

荷花一名莲，又名菡萏、芙蕖、芙蓉，属睡莲科多年生草本植物，生在浅水中。它的栽培历史悠久，《诗经·郑风·山有扶苏》中有“隰有荷华（花）”“有蒲与荷”的记载。自北宋理学家周敦颐在《爱莲说》中赞誉它之后，荷花便被人们赋予了高贵的品质，称为“花之君子”，更是得到了文人雅士的争相咏诵。唐朝白居易有诗：“绕郭荷花三十里，拂城松树一千株。”北宋柳永则词曰：“三秋桂子，十里荷花。”南宋杨万里也有“六月西湖锦绣乡，千层翠

吴山三茅观于谦读书处

盖万红妆”的诗句……可见，荷花被喜爱的程度绝非一般了。

可如果就此以为，西湖藕粉是用西湖中的藕制作而成的，那就错了。西湖中的湖内、曲院风荷等处所种植的荷花，是专门供人观赏的花莲，却不能制造藕粉。当然，西湖藕粉之所以能扬名国内外，是和西湖荷花的声名紧密相连的。

西湖藕粉的主要产地在杭州余杭塘栖一带，以余杭沾桥三家村所产的藕粉最为著名，形呈薄片，品质上乘，制作考究，香馥清口，晶莹剔透，为西湖藕粉之正宗。清朝时，西湖藕粉成为当地每年献给皇帝享用的“贡粉”，它的制作已有两百多年的历史了。据记载，当地藕粉产量历史上最高时曾达到八千多担，1984年为五百多担。

三家村一带种植的藕有尖头白荷、野白荷、紫白荷、红莲荷等十多个品种。尖头白荷加工藕粉最佳。每年寒露之后，直到第二年的清明，是制作藕粉的旺季。藕粉制作分洗藕、去节、粉碎、过滤、沉淀、削片、烘干等工序。削片是藕粉加工中要求较高的一道工序，有经验的老手，削片薄而均匀，大小相同，形状一致。

上乘的藕粉白里透红，入口易融化，开水冲泡易熟且涨性足，用筷挑起，丝头稍透明，呈淡红色，放置时间愈久色愈浓。

西湖藕粉不仅是唯美香醇的食品，也是营养丰富的滋补品。它除了含有淀粉、葡萄糖、蛋白质以外，还含有钙、铁、磷、维生素C等多种成分，具有生津开胃、补肺滋阴、养血益气等功效，尤适宜老人、小孩、病人食用。

西湖藕粉因各地制作工艺略有不同，成品有片状和粒状两种。冲调藕粉很简单，先以少量冷开水调匀，然后再以沸开水冲泡，即成半透明的黏稠体，再酌情加桂花等佐料，就是清香可口的食品了。

四、南宋官窑

宋室南渡，宋高宗赵构定都临安（今浙江杭州）时，为了满足宫廷饮食、祭祀和陈设等方面用瓷的需要，“袭故京遗制”在杭州建立了修内司、郊坛下两处官窑，生产宫廷专用御品，故称“南宋官窑”。南宋官窑是南宋朝廷专设的御用瓷窑，它烧制出的瓷器造型端庄、釉色莹润、薄胎厚釉，被誉为“宋代五大名窑”之首，在中国陶瓷史上独树一帜。

西溪道中玩雪

收藏界有一句俗语："靠眼力吃饭。"老底子杭州人都晓得，杭州有一个南宋官窑——修内司瓷器。但真正见识过，恐怕只有收藏官窑瓷器的老古董才懂得，不然的话很容易吃黄龙货。画家因早年在做涉外工作，于杭州友谊商店，见过不少官窑瓷片，只因他嗜爱画画，故没有收藏，偶然有收藏瓷器的朋友邀他前去看所收藏的旧瓷器或是修内司官窑残片，他都会欣然前去欣赏。据他说："从乌龟山官窑遗址里挖掘出来的，一般都是残片，偶然可能会有一两个品相相对完整点的，经过修补，可以完整，所以还是蛮有价值，因为那毕竟是官窑。除了经济价值以外，还有更重要的历史和文化价值。"在20世纪的八九十年代，乌龟山还没有封山时，确实有不少人冒险偷挖。

有关南宋官窑的文献记载，最可靠也最为翔实的有南宋叶寘的《坦斋笔衡》和顾文荐的《负暄杂录》。二书在内容、遣词造句和行文顺序等方面都基本一致，仅有个别差异，叶寘的记载："本朝以定州白瓷器有芒，不堪用，遂命汝州造青窑器，故河北、唐、邓、耀州悉有之，汝窑为魁。江南则处州龙泉县窑，质颇粗厚。政和间（1111—1117年），京师自置窑烧造，名曰官窑。中兴渡江，有邵成章提举后苑，号邵局。袭故京遗制，置窑于修内司，造青器，名内窑。澄泥为范，极其精制，油色莹彻，为世所珍。后郊坛下别立新窑，比旧窑大不侔矣。"根据叶寘的说法，说明宋代有汴京的北宋官窑和临安的南宋官窑二处，而南迁后的宋皇室曾先后在京城设置了两处官窑：一处在修内司，当时称为"内窑"；一处在皇帝祭天的郊坛附近。郊坛即圆坛或圆丘，是皇帝每年春天郊祀神农氏的场所，所以这一带是圣地，是禁止一般人进出的地区。《咸淳临安志》中有"青瓷窑在雄武营山上圆坛左右"之说，可以印证。

对这样的瓷窑，人们是比较重视的。20世纪初，随着近代意义上的考古学在中国的传播，许多中外学者纷纷到杭州凤凰山一带进行实地考察，希望搞清楚"官窑"的真面目，一些考古学和古陶瓷学的先驱者一直在不遗余力地掸拭历史的尘埃，以期待它早日重见天日，并于1930年在杭州市江干区闸口乌龟山西麓发现了郊坛下官窑遗址。

乌龟山郊坛下官窑遗址被发现后，前往考察的学者更多了。20世纪20年代，中央研究院周仁先生等先后三次到窑址调查，并在1930年完成了《发掘杭州南宋官窑报告书》的论文。朱鸿达先生在乌龟山山麓采集到不少的窑具和瓷片，并于1937年编印成《修内司官窑图解》一书。日本人米内山庸夫于20世纪20年代末在杭州凤凰山一带采集了大量瓷片标本，发表在1952年至1954年的《日本美术工艺》杂志上。特别是1956年，浙江省文物管理委员会在窑

山头玩赏茗花

址南部发掘了长23.5米的龙窑一座。1985年冬至1986年春，临安城考古队对窑址进行全面的考古发掘，清理了练泥、成型、上釉等作坊遗址和龙窑一座，以及大量的瓷片与窑具标本，为研究南宋官窑提供了大量的实物资料。

乌龟山是凤凰山南部向东南延伸的一座小山，面向钱塘江北岸的狭长平原，距钱塘江很近，西面与桃花山为邻。郊坛下官窑场三面环山，东距皇城2千米，西面离郊坛很近，与文献上所说在“圆坛左右”相吻合。发现作坊遗址一处，内有工房遗迹三处。经过后期发掘工作的不断开展，郊坛下龙窑的遗址发掘又有了新的进展，总长至40.8米，窑头有半圆形火膛。出土了三万余件（片）瓷器标本和大量素烧胚件、窑具。瓷器器形有二十余种：碗、盘、碟、杯、壶等饮食器皿和罐、钵、坛等盛储器，也有唾壶、薰炉、灯盏、盆、盒、水盂、笔洗之类日用器具，还有少量仿青铜礼器和礼仪用玉造型的炉、瓶、壶、斛、盆等陈设艺术用瓷和祭祀用具。早期以一次施釉为主要特征。晚期则多次施釉、素烧，釉层丰厚若堆脂，有良好的类玉效果，且胎壁减薄，最薄的在1毫米以下，并呈紫口铁足形态。

在获得南宋郊坛下官窑大量考古实物资料的同时，考古界、陶瓷界对文献记载中的另一处官窑——修内司官窑，则更加关注它的存在与否。谜底于1996年被揭开。

1996年春，在杭州凤凰山与九华山之间狭长溪沟西端的山岙中，一处被当地人称为“老虎洞”的地方，由于雨水的冲刷，大量黑胎青瓷片和窑具暴露在外，揭开了修内司官窑的重重迷雾。该窑址的位置十分特殊，南宋时此处就是修内司营驻地，这恰与文献中记载的南宋修内司官窑相吻合。它距南宋皇城北城墙不足百米，西南距郊坛下官窑遗址约2.5千米，占地约2000平方米。同年9月，杭州市文物考古所组织人员对该地域进行了为期一个多月的考古调查，并按当地人的俗称将它命名为“老虎洞遗址”，又于1998年和1999年进行了两次大规模考古发掘，发掘面积约2300平方米。窑址大体呈东南—西北走向，中部有一条沟壑将窑址分为南、北两大部分，共清理出不同时代的龙窑窑炉三座、小型馒头窑四座、作坊十座、澄泥池四个、辘轳车基座坑十二个、釉料坑两个、采矿坑遗迹两处，还发现瓷片堆积坑二十四个，出土大量瓷片和窑具。遗址的发现被评为2001年度“全国十大考古新发现”之一。

然而考古专家对老虎洞窑址是否就是南宋修内司窑址仍存疑虑，直到2006年才有了确证。杭州市文物考古所在对发掘的瓷片进行了五年多的整理，修复了四千多件瓷器后，终于

春之歌

发现了一件施粉青釉的瓷器，其表面刻有“庚子年……匠师□记修内司窑置”的铭款。由此证明，老虎洞窑址即为南宋官窑遗址。

第四节　西湖十景

“昔年曾见此湖图，不信人间有此湖。今日打从湖上过，画工还欠着工夫。”这是明代正德年间（1506—1521年）一位日本使者游览西湖时所作的一首诗。可见从古至今，杭州因西湖而名满天下。然西湖虽是天然形成，可千百年来如果没有一代代劳动人民的辛勤治理，早就湮没在桑田里了。西湖在唐朝以前还不出名，经过唐、五代和北宋时期的开发疏浚以后，名闻中外。南宋的时候，画院的画家们以西湖景致为题材，并用四字作标题概括反映画面内容，于是有了流传至今的“西湖十景”：苏堤春晓、曲院风荷、平湖秋月、断桥残雪、柳浪闻莺、花港观鱼、三潭印月、双峰插云、南屏晚钟、雷峰夕照。

一、苏堤春晓

“苏堤春晓”为南宋“西湖十景”之首，是以苏堤的长堤六桥、桃红柳绿为主题的跨湖古堤景观。民间歌谣则曰“西湖景致六吊桥，一株杨柳一株桃”。自古以来，苏堤一直被认为是观赏西湖水光山色的极佳位置。“文革”前，苏堤上有苏、白二公祠。杭州“西湖十景”，之所以有名，不仅仅是因为风景优美，更主要是因为其所具有的浓厚的人文精神。

每年开春之后，杭州人俗定都会去苏堤踏春，柳青桃红中感受一下西湖的美景。有的是

美哉西湖

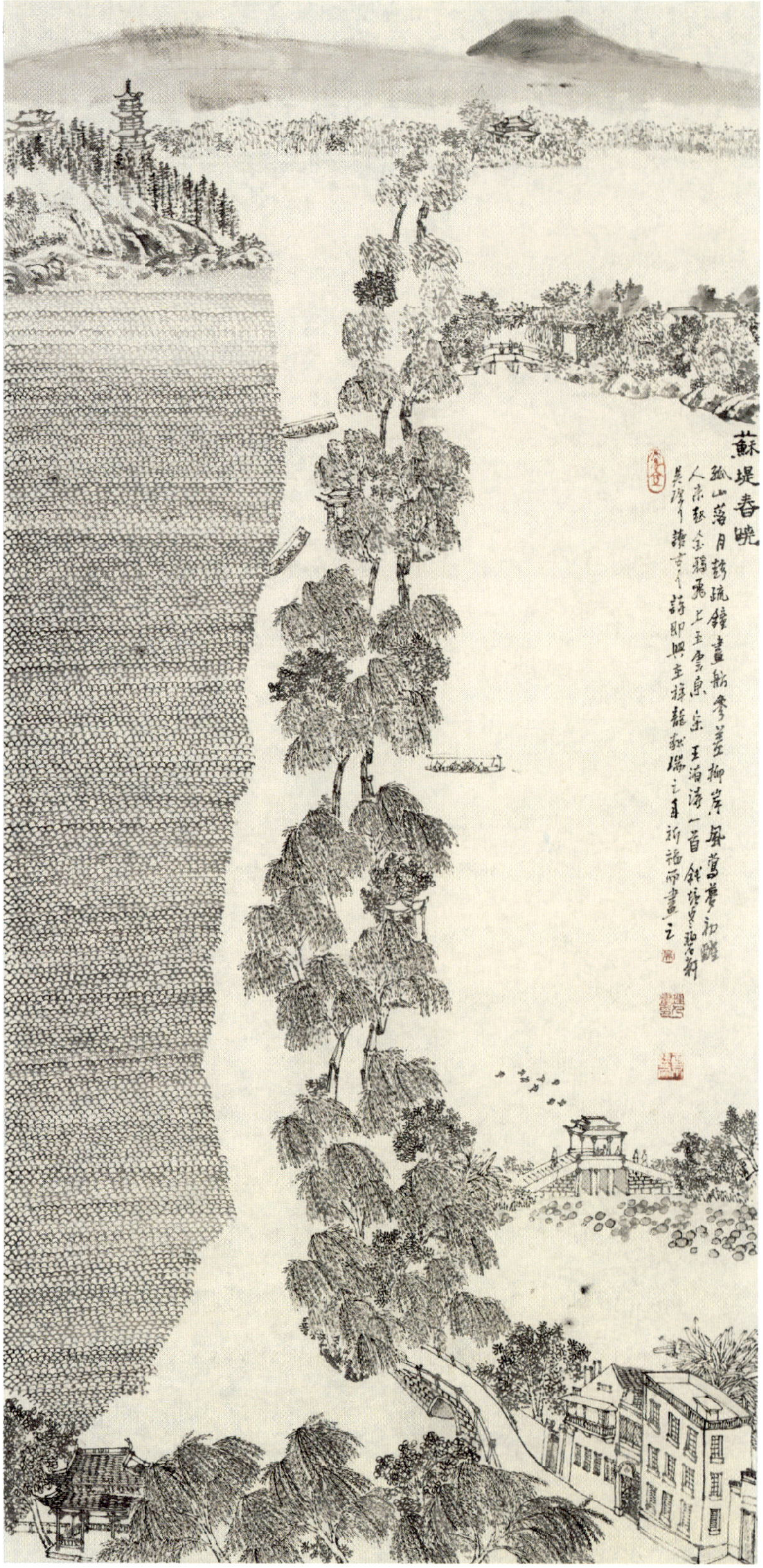

苏堤春晓

一对对小情人，有的是全家老幼一起出动。20世纪60年代，西湖沿线有不少坟墓，如秋瑾墓、苏小小墓、武松墓等。杭州人一边欣赏西湖之美，一边凭吊先人，形成了杭州西湖的一道人文风景线。改革开放后，西湖的游人多了起来，尤其是西湖申遗成功，成为世界文化遗产以后，西湖不再是杭州人的家园。每到节假日，杭州人不再去西湖，而是把空间留给外地游客，这已习以成俗，只见西湖里里外外但凡有路的地方，都是行人如织、人山人海。

苏堤，又称苏公堤。北宋元祐五年（1090年），时任杭州知州的大诗人苏东坡，向当朝皇帝哲宗呈了《杭州乞度牒开西湖状》的奏议，以此决心来整治西湖。在他的力争和亲自督办下，淤塞良久的西湖，终于得到了一次大规模疏浚的机会。后用挖出来的淤泥，在西湖上堆筑了一条贯通西湖南北的长堤，建六桥，自北向南依次为跨虹桥、东浦桥、压堤桥、望山桥、锁澜桥、映波桥，沿堤植桃柳，于是此堤便成了名副其实横亘于湖上的绿色长廊。它的北端始于栖霞岭下，南端止于南屏山麓，全长近3000米。西湖之胜，晴西湖不如雨西湖。每当雨天来临之时，苏堤景致更为迷人。万株绿柳在风雨中摇曳，三面群山雾霭缭绕，在雨水的梳洗下，格外的青葱碧绿。长堤六桥若隐若现于薄霭微云之间，那由远及近的水波涤荡过来，这种水天一色的景致，像极了一幅美妙的“六桥烟柳”水墨图。这大概就不难想象为什么南宋吴自牧笔下的《梦粱录》和清康熙皇帝玄烨题“西湖十景”景名时，“苏堤春晓”会位列十景之首了。

苏堤筑成后，夹道杂植芙蓉、桃花、杨柳，除六桥外，置九亭。后继知州林希遵循杭州人意愿，命名为苏公堤，并立苏东坡祠于堤上。10年后，苏东坡因“乌台诗案”牵连继而遭受了政治迫害，吕惠卿毁苏公祠，堤也日渐荒圮。南宋时，朝廷拨款增修苏堤，整修九亭，因旧桥难通大舟，便改为高桥。映波桥畔建旌德先贤堂，供奉40位历史名人；锁澜桥畔建纪念白乐天、林和靖、苏东坡的三贤堂和结构精巧、水阁六楹的湖山堂；压堤桥旁有水仙王庙、雪江书堂、张儒松窗别墅、贾似道崇真道院。那时的苏堤成了“堤桥成市，歌舞从之，走马游船，达旦不息”湖山游玩圣地。难怪当朝诗人林升“山外青山楼外楼，西湖歌舞几时休。暖风熏得游人醉，直把杭州作汴州”的诗句能够千古流唱。

明朝前期，西湖再度湮没，苏堤与陆地连为一片，堤上六桥下的流水如线，“苏堤春晓”名存实亡。正德初年（1507），时任杭州知府的杨孟瑛组织了大量的人员对西湖重新疏浚，湖、堤始得恢复。

曲院风荷

清代，又再次疏浚西湖，补植桃柳，桥上造亭。于望山桥南建康熙所题“苏堤春晓”景碑碑亭等建筑。清末时，苏堤柳被草替，景观黯然失色。

民国期间，堤岸下陷，路面凹凸不平，杨柳被砍伐，桑树取而代之，桥面改石阶为斜坡，六桥桥亭被毁。日寇占领杭州期间，西湖也难逃劫难，苏堤被日军把守，成为游览禁区。

如今的西湖苏堤，已经恢复了“西湖景致六吊桥，间株杨柳间株桃”的传统美景，极目远眺，青山碧水相映照，水天一色景致佳。

二、曲院风荷

春天，杭州人会去苏堤春晓。夏天，杭州人会去哪里呢？老底子杭州人很会享受，夏日，曲院风荷是杭州人的首选。夏天，杭州的荷花在此盛开的品种最多，数量也最多，不仅幽静而且景色如诗如画。泡一壶龙井茶，约上三五好友在此聊聊天、喝喝茶，欣赏欣赏荷花的千姿百态，待上个大半天，真是消暑的好去处。不知是否因为这里曾经酿过酒，惬意时仿佛还能闻到一股淡淡的酒香。

曲院风荷是南宋“西湖十景”之一。曲院建于宋时，原本是官办酿酒作坊。作坊汲湖水酿酒，湖中植荷，身临其境，花香酒香，随风荡漾，使人炎暑顿消。曲院与风中的荷组成了一景，南宋画院题景目时称其为“曲院荷风”，后改为“曲院风荷”。

《西湖游览志》记述：“九里松傍旧有曲院，宋时取金沙涧之水造曲，以酿官酒，其地多荷花，世称曲院风荷是也。”可知，曲院原在灵隐道中的九里松旁、金沙港的西北。《西湖游览志》叙述“小新堤”（赵公堤）时又说：“自北新路第二桥（东浦桥）至曲院筑堤。”桥南今有金沙堤，即昔日赵公堤旧址，当年赵公堤直通曲院的船埠，可见南宋时的曲院还在赵公堤的西端。据《淳祐临安志》载，淳祐间苏堤、赵公堤都经过整修，二堤的长度约为十一比三，而今天苏堤未变，二者之比竟成了十六比一，即宋之赵公堤比今天约长三四倍。可见当时赵公堤南北的湖面比现在大得多，游船可从苏堤直到洪春桥、九里松一带。南宋词人冯子振在《鹦鹉曲·忆西湖》一词中唱道：“吴侬生长西湖住，舣画舫听棹歌父。苏堤万柳春残，曲院风荷番雨……”

然“曲院风荷”旧时的建筑早已随历史的洪流被湮灭，原有的风貌也只能从前人的诗句

平湖秋月

中窥探一二而已。清代时，曲院旧址已难考察，曲院风荷则名存实亡。到了康熙年间（1662—1722年），为迎接康熙南下巡幸，特把景点移建在苏堤跨虹桥之北，恢复昔日名景，并在岳湖引种许多荷花，修建亭台楼阁。李卫主持编纂的《西湖志》中如此说："曲院旧多荷花。国朝康熙三十八年（1699年）构亭于'跨虹'之北，引流叠石，为盘曲之势。东建敞堂三楹，又东建迎薰阁，绣窗洞达，四面皆可登眺。又东为望春楼，前临大堤。游人系马垂杨，辄登楼送目，顿豁烦襟。西则复道重廊，云窗月户。花时香风徐来，水波不兴，绿盖红衣，照灼云日。"康熙皇帝改"曲院"为"麯院"，改"荷风"为"风荷"。然咸丰末年（1861年），颇具一时之胜的曲院风荷园林毁于兵燹，官宦富豪随之侵园为居。同治、光绪年间（1861—1908年）恢复，可是不过一碑、一亭、一小院而已，濒湖荷花少许，完全有负雅名。

今日托名新建的曲院风荷，其形制规模、园林景观都可与前代相比拟。园林范围东起跨虹桥、东浦桥，沿岳湖、金沙港一直延伸到西山路的卧龙桥，绵延数里，分岳湖、竹素园、风荷、曲院、湖滨密林五个景区。

三、平湖秋月

可能是受南宋遗风的影响，杭州人很会享受生活。看个月亮也要寻找个最有味道的地方，那便是山中月、水中月、陆上月的三处赏月佳地。

山中月，南宋高宗赵构，这个皇帝打仗不行，但论怎样享受生活那可是"大师级别"的人物。一次，中秋节快到了，他领着一帮大臣、太监等漫游在凤凰山，他便想这个中秋到哪里赏月呢？走呀走，天色渐渐晚了，月亮都出来了，随行的一帮大臣们开始着急了，怕出事呀！突然高宗赵构走到一排石林下看见脚下的一潭泉水下有个月亮，这个月亮正是从一个石林的一个小洞透出来的，照映到了池里，哇，太美了！皇帝发现了"新大陆"，说道："朕，今年中秋赏月就在此地了！"一帮大臣、太监们立即三呼"万岁"！没想到千百年来，此处竟成了杭州人上山赏月的好去处。此地叫"月崖"。很多文人雅士都到此题了词，留下了故事。水中月，那便是"三潭映月"了，木佬佬有名，蜚声海内外。陆上月，便是"平湖秋月"了，每年中秋有不少老杭州逛西湖看月亮，都会去"平湖秋月"，泡一壶茶，吹吹秋风，不要太"发靥"。

平湖秋月为南宋"西湖十景"之一。位于孤山南麓，白堤西端，濒临外西湖，是临湖欣赏

断桥残雪

西湖全景的绝佳地点之一。此处有一群滨湖的亭台楼阁，高阁凌波，绮窗临水，楼阁四周有曲栏画槛，九曲石桥。楼前平台三面濒湖，可远视湖滨和两堤三岛，纵横在目。秋夜皎月挂空，湖水澄碧，水月云天，银波万顷，使人恍若置身水晶宫中。前人石治棠有联语云：“万顷湖平长似镜，四时月好最宜秋。”

今平湖秋月之地，原本是唐代的“望湖亭”所在，是诗人白居易经常光顾的地方。他的《湖亭晚归》是最早描述此景的文字：“尽日湖亭卧，心闲事亦稀。起因残醉醒，坐待晚凉归。松雨飘藤帽，江风透葛衣。柳堤行不厌，沙软絮霏霏。”到了南宋，孤山辟为四圣延祥观，是皇亲贵胄经常光顾之所，望湖亭所在当地要冲，于是又建起了“望月亭”。从“望湖”到“望月”，只是名称的不同罢了。明朝，望湖（月）亭所在处改建为龙王堂，成为祭祀“西湖龙王”的地方。到清康熙三十八年（1699年），拆龙王堂，在其旧址上建御书楼，楼前铺建石台，凸出湖面，围以栏杆，旁构水轩，悬康熙御题“平湖秋月”匾额。后人又在偏东侧建造御题景碑亭。从此，景无定所的“平湖秋月”名得以固定。

1919年，英籍犹太富商哈同向当时浙江督军杨善购得御书楼西侧4000平方米土地，拆除了庵堂和西湖纯茶楼，筑高墙，修建私家花园“罗苑”（即哈同之妻罗迦陵的别墅，俗称“哈同花园”），后被当时国民政府收归国有。1928年，蔡元培先生创建国立艺术院，罗苑成为该院校舍的一部分。1959年，拆除高墙，把它同平湖秋月连成一片。技术人员采取不拆梁柱屋架，完整地搬移了原有厅屋，在原址上建成八角亭、四面厅、湖天一碧楼。楼厅门窗等建筑上，雕刻有殷商、西周、两汉之钟鼎彝器及甲骨文、花鸟图案，古朴优雅。又在西面临水处新建400平方米的赏月平台，增植花木，铺设园路，配以叠石假山，使平湖秋月成为一座楼阁亭轩配置景致，曲桥园路蜿蜒回转，趣味盎然的风景园林。

今湖楼上悬挂的“平湖秋月”匾额，是当代书法家启功先生所书。湖天一碧楼辟为西泠书画院，成为艺术家创作和切磋艺术的殿堂，为西湖胜景增添了一份书卷气。

四、断桥残雪

“断桥残雪”为“西湖十景”之一。它因《白蛇传》里白娘子与许仙在“断桥相会”的传奇爱情故事而传颂古今。白娘子和许仙缠绵悱恻的爱情故事就是从这里开始的，断桥相会、借伞定情，他们在这里许下一生相守的誓言！白娘子和许仙为了爱情历经磨难，那一场场的考验和悲欢离合后相聚的场面，让每一个来到断桥的人们心中荡起无限涟漪。那一首《千年等一回》中的唱词："千年等一回，我无悔啊……西湖的水我的泪，我情愿和你化作一团火焰……"那动情的旋律打动了多少人的心扉！这千古情话又给这座西湖断桥增添了多少浪漫和诗意的色彩。无独有偶，《西湖竹枝词》也有一段被人传颂的有关断桥的爱情故事："十里荷花锦作堤，郎舟泊在断桥西。妾家住熟孤山路，梦里寻郎路不迷。"

老底子杭州人去西湖，不会讲去"西湖"，而是说去"断桥"。因为断桥到了就是西湖，它是老城区第一个景点，也是西湖第一个标志点。以前，杭州的天气不像现在，有时一个冬天见不到雪。杭州那时的人口也没有现在多，更少有高楼，以平房居多，弄堂比较狭窄，但路路通，躲猫果儿蛮好玩，碰到下雪天，打雪仗就非常过瘾。画家吴理人小时候就经常跟自己差不多大的邻居、同学去断桥西湖边玩耍，那里不但空旷，且雪天游人稀少，打起雪仗来很过瘾。

现实中的断桥位于白堤东端，其名始于唐代。唐代大诗人张祜《题杭州孤山寺》中的诗句"断桥荒藓涩，空院落花深"，是目前能查到的最早记载断桥名的诗句。那时，苏堤还未筑，而白堤是西湖中通往孤山处的仅有的长堤，断桥则是进入湖中的第一桥。宋时亦称"保祐桥"，元代又称"段家桥"。元代时，诗人张翥有诗云："段桥春水绿初柔，更有群凫来上游。"文学家杨维桢诗云："下马题诗岳王寺，解貂沽酒段家桥。"诗人钱惟善《竹枝词》有云："阿姨近居段家桥，山如蛾眉柳如腰。"明代《成化杭州府志》中也有记载："成化十年（1474年），知府李端修段家桥。"民间也有人把断桥与西湖南面的长桥相对应，称为短桥，也被称为西湖三绝"孤山不孤，断桥不断，长桥不长"之一。

据考证，古代断桥是一座曲率很大的拱形独孔环洞阶梯桥，高约4米，桥面多为石质材料砌筑而成。桥中央置有桥亭，曾名御书亭，装有木栅门，20世纪初，断桥上还设有门廊，晨启暮闭。桥堤上烟柳笼翠，中夹桃树。但与今日相比也不免有些萧条。古时，断桥附近有总宜园、凝碧楼、秦楼等亭台楼阁。据明代《西湖游览志》所载，断桥是由于自孤山来的白堤到此而断才得的名，这为一种说法。明人王瀛有诗云："桥识断名元不断，跨河有路入孤山。"清代毛奇龄《竹枝词》则有诗云："断桥西去杏花开，年年桥上送郎回。分明一片连桥子，何日何年断得来。"

清康熙皇帝游览西湖时，曾亲笔书写了"断桥残雪"等十景名目，其孙乾隆皇帝南巡时又题了十景的诗，分别刻石立碑建亭，成了后来的“西湖十景”所在。

断桥是西湖观赏雪景的最佳处。老底子杭州人都知道“西湖之胜，晴西湖不如雨西湖，雨西湖不如月西湖，月西湖不如雪西湖”。地处江南的杭州，每年雪期短促，大雪天亦是罕见，若是早晨醒来目之所及处银装素裹，那高兴的心情就无法言表了。此时，登断桥远眺，远处的群山则灿若梨花，近处的建筑玉于琼阁，天与地、湖与山、山与水仿佛连在了一起，茫茫然一片，好一幅水墨恢宏的湖山雪景图。

五、柳浪闻莺

西湖众多的名胜古迹中，最容易引发人们的历史沧桑感的，除了凤凰山的南宋皇城遗址之外，大概要数“西湖十景”中的“柳浪闻莺”了。

由于历史原因，柳浪闻莺曾一度荒芜，但也成就了一些喜欢遛鸟、听鸟声的老底子杭州人。杭州有两个地方是遛鸟、听鸟声、逗鸟等的好去处，一个是吴山，另一个就是柳浪闻莺。那里有一家“闻莺阁”，养了很多金黄鹂、朱鹂、黑头黄鹂、红翅黑鹂等，一早到闻莺阁就能听到圆润嘹亮、低昂有致、富有韵律、非常清脆、极其优美的黄鹂鸣叫声。

杭州人受吴越文化与南宋文化浸润太久，甚是喜欢松散休闲的生活，柳浪闻莺正是符合了一些老底子杭州人的生活习惯，成了杭州一个休闲生活的好地方，也是思古的好去处。如今去柳浪闻莺也可常见此生活状态。

柳浪闻莺的前身是南宋皇家的御花园——聚景园。宋高宗赵构传位给养子宋孝宗赵昚后，当起了太上皇，退居德寿宫。宋孝宗以侍奉“太上皇”出郊游西湖的名义，兴建了当时这座“行在”临安（今浙江杭州）最大的御园。据史料记载，聚景园南起清波门外，北至涌金门下，东倚临安城垣，西临西湖水面，且包括了接近湖岸的若干洲渚，有柳州、水心寺基（小瀛洲前身）等，其范围比今天的柳浪闻莺公园要大上许多。建聚景园时，拆除了这一带原有的九座佛寺，但保留了吴越王故苑的灵芝寺和纪念康王（宋高宗赵构）白马渡江“神迹”的显应观，同时充分利用了沿湖翠柳临水、迎风翻舞的景致特色，又突出了莺飞草长的春游主题。后来，便以“柳浪闻莺”为题，景致入画、入诗、入词，被列入“西湖十景”之内。

聚景园作为太上皇、皇上及太后、皇后们经常临幸的御花园，一应建筑设施都是一流

柳浪闻莺

的，有会芳殿，为帝、后落脚之所；有瀛春、揽远两堂，可坐憩览胜；有芳华、华光、瑶津、翠光、桂景、滟春、凉观、琼芳诸亭阁，它们的匾额皆由宋孝宗题书；还有柳浪、学士二桥，凌驾于水港之上。水港夹岸植松，园内叠石为山，繁花似锦，水木清华。南宋高、孝、光、宁（宗）四朝帝、后都曾到聚景园大肆游乐。每逢帝、后大驾来临，全园必事先有一番装饰、布置；大内宫廷的舞女、乐师、武士与各色杂技艺人先期入园，到时候或轻歌曼舞、或大显身手，博取君王、贵胄们的一乐，留给湖山一片歌舞升平的粉饰假象。

南宋亡国后，聚景园胜景飘零，荒芜败落，沦为沼泽和墓地。到明代中叶，当年巍然大观的柳浪闻莺胜景，只剩下流浪桥、华光亭两处破旧陈迹供人凭吊往昔的如梦云烟。明嘉靖三十九年（1560年），镇守浙江沿海的总督胡宗宪以灵芝寺为基础，重建吴越三世五王的祀祠表忠观，才总算为柳浪闻莺保存了一脉景观，更主要的是为日后清初的杭州地方官立康熙御题“柳浪闻莺”手笔、立碑建亭留下了立足之地。

六、花港观鱼

观鱼，杭州有两个好地方。一个在玉泉，是“钱塘十八景”之一；另一个就是在花港。两个地方观鱼的心情是不一样的，玉泉池里的鱼是圈养的，花港的鱼是放养的、野养的，杭州人更喜欢去花港观鱼。

花港，原是西湖的一个港汊，无花无鱼也无池，不过几户渔家、几棵垂柳而已。南宋时，理宗朝的内侍宦官头目卢允升在此修建了私人别墅——卢园，园内凿池引水，放养金鱼，为一时奇赏。此人靠巴结理宗和阎妃得宠，与另一宦官头目董宋臣勾结，狼狈为奸，干预朝政，权势滔天。他的别墅是绝对不会允许平民百姓入内游赏的。景定五年（1264年）十月，理宗死。卢允升从此销声匿迹，不见史传。据《西湖游览志》记载：“卢园旧在花家山下，有水名花港，通西湖，园内有池，文石甃砌，水洌而深，异鱼种集。”卢氏好与人歌赋往来，于是卢园内，文人雅士题咏不绝，盛极一时。故而南宋宫廷画院的画师祝穆、马远等人创作《西湖十景》画卷时将它列为十景之一，并题名为“花港观鱼”，于是名字就这样流传了下来。

自南宋末年起，“花港观鱼”日渐荒芜，直到清初，康熙、乾隆皇帝先后来访，于是荒芜了几百年的胜景又重现了昔日的盛况。清康熙年间（1662—1722年），因康熙皇帝要南下巡

花港观鱼

幸，杭州地方官便大兴土木，在苏堤映波桥与锁澜桥之间的定香寺旧址上重新浚池养鱼，辟径栽花，建庭园轩榭。清康熙三十八年（1699年），康熙皇帝南下杭州，纵情欢娱，吟诗赋文，又在花港处御书“花港观鱼”四个大字，勒石于池畔。后来乾隆皇帝游江南时，又在碑阴镌刻其诗，曰：“花家山下流花港，花着鱼身鱼嘬花。最是春光萃西子，底须秋水悟南华。”至此，继卢园之后，花港又一次名动天下，游人纷至沓来。

清咸丰末年，重建后的花港观鱼又毁于兵燹。同治八年（1869年）重建鱼池、碑亭。光绪年间（1875—1908年）再度衰败，至新中国成立时，只有一碑一亭一池和三亩地。

七、三潭印月

水光潋滟的西湖湖面，浮漾着三潭印月、湖心亭和阮公墩三座绿岛，又以称小瀛洲的三潭印月为最大。全岛上下南北以曲桥相接，东西以土堤相连，岛内湖隔成四口湖塘，全岛围以环形堤埂，从高空俯瞰，形似一个绿色的“田字”，呈现“湖中有岛，岛中有湖”的景色，南宋时，祝穆、马远等将这里命名为“三潭印月”，列为“西湖十景”之一。

老底子杭州人赏月的好去处，最雅致、最有仙境之感的当属三潭印月了。它四面环湖，中秋之夜乘船去三潭印月，在浓浓夜幕笼罩下，会让你感到自己仿佛置身在烟云缭绕的仙境。画家曾受朋友之邀去过，但老底子杭州人一般都很节俭，不舍得花乘船的钱，在家或去平湖秋月赏月，用杭州人话说：“在哪儿都一样看月亮。”中秋去三潭印月赏月的一般都是从前的“达官贵人”显摆之处。

小瀛洲并非一开始就是大自然的馈赠，而是在千年的历史长河中，用“施以人巧，宛若天成”的古典造园手法建设起来的一个园林艺术精品。五代以前，南屏山以北的湖面有座小岛，岛上有寺。《咸淳临安志》载“天福中建，旧曰水心寺。宋大中相符初赐今额”，称水心保宁寺。这就是三潭印月小瀛洲的前身。

所谓“三潭”，是指三个石塔及其周围的水域范围。石塔建于北宋元祐四年（1089年），苏轼疏浚西湖，铸成“直通南北两山春”的苏堤，为使西湖长治久安，在堤外湖水最深处，立了三座瓶形石塔，名为“三潭”，并“著令塔以内，不许侵为菱场”。三小石塔的原址，一在望山桥之左，二在压堤桥之左，三在东浦桥之右，三塔之间相距很远。明弘治年间（1488—

三潭印月

1505年)，东坡所立的三塔被当时的杭州地方官给捣毁，仅剩三个塔基。明正德三年(1508年)，杨孟瑛复浚西湖，残存的塔基也都被掘去。

明万历三十五年(1607年)，当时担任钱塘县令的聂心汤以西湖葑泥筑起了这个湖中小岛，又在岛外筑了一条环形堤埂，使它形成了“岛中有湖，湖中有岛”的格局，并作为放生之所，这就是“小瀛洲”。他为了恢复三潭旧景，于明天启元年(1621年)，又在堤南湖中重建了三座石塔。每个石塔高2米，分别矗立在水光潋滟的湖面上，形成了一个等边三角形。

近代著名学者康有为在多次游览三潭印月后，题长联一副赞道：“岛中有湖，湖外有湖，同以九折画桥，览沿堤老柳，十顷荷花，食莼菜香，如此园林，四洲游遍未尝见；霸业销烟，禅心止水，阅尽千年陈迹，当朝晖暮霭，春煦秋阴，山青水绿，坐忘人世，万方同慨更何之。”

八、双峰插云

“双峰插云”为西湖十景之一。其中的“双峰”，指的是南高峰和北高峰，是天目山向东来的一支余脉遇西湖所分的南北两山。双峰山其实并不高，山势更算不上峥嵘，之所以还能跻身“西湖十景”之列，是因为当时两峰顶上都有七级浮屠(塔)，争雄对峙，直冲青天。南高峰塔建于五代后晋，高达十丈，塔下的荣国禅寺，原先奉祀白龙王，是座神庙，南宋宝祐五年(1257年)才改为佛寺。咸淳六年(1270年)，临安知府潜说友在这里辟建华光宝阁，开筑登山道路，另建五显祠。“五显”即“五通”，又称“五圣”，是民间传说为妖邪之神，原为兄弟五人，能作祟害人，《聊斋志异·五神通》说，他们邪恶不轨、魅惑妇女，老百姓又恨又怕，被迫奉祀。明朝时，南高峰塔只剩下三级，荣国寺已毁圮，五显祠却依然香火不绝。

北高峰塔始建于唐天宝年间(742—756年)，比南高峰塔建得要早。“会昌法难”时，塔被毁，吴越王钱镠重建。据张岱《西湖梦寻》记载，北高峰顶原有华光庙，也是奉祀“五显”邪神的。山半又有马明王庙，即蚕神庙。荀子《蚕赋》中的“身女好而头马首”的句子，蚕与马开始联系在了一起。唐宋以后，蚕神成了乘云驾马的九宫仙嫔。蚕神像为女身，披马皮，俗称“马头娘”，又称“马明王”，被道教吸收为神祇。当年，北高峰马明王庙在西湖春天烧香旺季是最热闹的场所之一。明代画家李流芳《题西湖卧游册·两峰罢雾图》中写道：“三桥龙王堂，望湖西诸山，颇尽其胜。烟林雾嶂，映带层叠，淡描浓墨，顷刻百态，非董巨妙笔，不足

雙峯插雲
是西湖歷史悠久的名山
山巔上原有唐宋时建的佛塔
曾是最高登临佛教観景點
舊時観塔白雾缭绕之际恍若云天佛国

双峰插云

以发其气韵。”

清代以来，双峰之巅的佛塔或圮毁、或遭雷击，仅余塔基，终致湮废，“插云”景观名存实亡。但清康熙帝品题名胜时，改“两峰插云”为“双峰插云”以足“西湖十景”全数，而且把灵隐路红春桥设为最佳的观景点，同时树碑建亭，故景目尚存，景观内涵则迁演成登高眺望湖山大观，而以赏秋山红叶，揽霜天清肃为尤佳。

历代以来有不少吟诵双峰插云的诗篇。元代文坛领袖之一杨维桢，在杭州居住多年，曾首倡《西湖竹枝词》并作九首，一时和者如云，影响深远。其诗云：“劝郎莫上南高峰，劝侬莫上北高峰。南高峰云北峰雨，云雨相催愁杀侬。”该诗大胆讴歌男女恋爱心怀，形象鲜明，感情炽热而深沉，竟成为后世吟唱双峰插云的主调。西湖不但有柔情的一面，更有节侠胆、英雄气的悲壮，同样是北高峰，明代诗人黄周星则写出了另外的一种感情：

山川不改仗英雄，浩气能排岱麓松。岳少保同于少保，南高峰对北高峰。

每年的重阳节，杭州有登高习俗，意味年年高升。以前南高峰北高峰两山顶上都有庙和塔，现在只剩下北高峰还有财神殿，百姓上山烧香，也是杭州人的一种习俗。

九、南屏晚钟

在西湖十景中，“南屏晚钟”也许是问世最早的景目了。一般认为，西湖十景景目起自南宋宫廷画院的画师们摹写西湖胜景的画作题名，然而，南屏晚钟有史料记载，却率先出现在北宋末赫赫有名的画家张择端的笔下。张择端曾经画过《南屏晚钟图》，尽管此图远不如他的《清明上河图》那般蜚声古今，却被记载于明人《天水冰山录》中。

南屏晚钟的钟声，来自这一带历经兴衰的佛教寺庙。五代后周显德元年（954年），吴越王钱俶在南屏山麓建慧日永明院。与西湖其他许多佛寺由僧人艰难初创不同，慧日永明院由官方主建，布局完整，建构辉煌，预示着日后不断扩展精进的蓬勃生机。果然，到南宋定都杭州后，西湖再度出现了佛寺空前兴盛的时期，这座寺院也成了与灵隐寺交相辉映并峙于西湖南北的两大佛寺之一，它就是如今的净慈禅寺。

净慈禅寺是杭州名刹。杭州人去净慈禅寺一般都会先去祭拜一下济公，尤其是20世纪

南屏晚钟

80年代，游本昌所演的电视剧《济公传》播出后，济公就更火爆了。那口济公化缘修造的净慈禅寺运木头的井，杭州人到净慈禅寺后都会上前摸一下，据说会带来好运，外地游客知道后也会上前摸一下，以期讨个好彩头。不晓得从何时起，此处竟也成了一道风景。

南屏山麓另一座佛寺兴教寺，始建于北宋开宝五年（972年），它在中国佛教史上的地位和影响不在净慈禅寺之下。北宋咸平三年（1000年）至景德三年（1006年），中国佛教天台宗的僧人们由于对本宗佛学理论的理解、阐述发生分歧而展开论战，终至分裂为山家、山外两大派。山家派代表之一的高僧梵臻，原籍行走，佛学精湛，他主持兴教寺弘传天台宗山家派学说，各地僧人纷纷前来学佛闻道。山家派终被奉为天台宗正传，南屏梵臻声名远播，兴教寺一时门庭喧闹，住寺僧人最多时逾千数。净慈禅寺、兴教寺加上附近一些中小寺庙，形成西湖继灵隐、天竺之后又一佛寺群落。晨钟暮鼓、梵呗佛号、香烟烛光，南屏山从此添了"佛国山"的别称。南屏晚钟的情韵，悠然成形。

北宋以后，净慈禅寺与兴教寺一盛一衰，岁月既久，南屏晚钟的盛誉和盛况皆属于净慈禅寺，净慈禅寺建起了绘饰华丽的钟楼，逐渐成为千年古刹幽赏、审美的聚焦点。南屏晚钟由于其深厚的佛教文化内涵和独特的音响韵致而历久不衰。清康熙年间（1662—1722年），净慈禅寺毁于火灾，钟楼也遭殃，一时难以恢复。康熙四十六年（1707年），康熙皇帝第五次南巡，净慈禅寺方丈溥溢专程从杭州赶往嘉兴接驾，呈文报告净慈禅寺遭回禄之灾的情状和恢复的困难。康熙皇帝见奏，派皇太子赴杭州实地察看后据实禀报，朱批上谕给杭州府织造孙文成道："南屏晚钟烧了，岂不少了一景吗？可在地方上化些，把寺造了，钟也铸上。"净慈禅寺于是奉旨重建，南屏山下的钟声重新响了起来。

十、雷峰夕照

"雷峰夕照"为西湖十景中的最后一景。雷峰旧称"中峰"，今名"夕照山"，是南屏山余脉北伸濒西湖勃然隆起的一座小山，树木葱蔚，三面临水，与隔湖的孤山遥遥相望，也像孤山一样被当年恢复故土无能、耽乐湖山有方的南宋君臣占为御园、私墅。不过这座小山的分外出名与引人注目，除了独到的位置外，更主要的是早在吴越末年，山顶上建造了雷峰塔。

雷峰塔初始叫"西关砖塔"，造塔的缘起是吴越国君钱弘俶的一名王妃奉藏佛螺髻发，

雷峰夕照

以求保佑国泰民安。当时北宋已经立国，吴越对东南半壁的统治行将结束。而从日后发现的塔砖文字等材料看，曾有许多笃信佛教的王族、官宦和平民为建造这座规制宏丽的楼阁式七级浮屠出资、出力。

北宋末年，雷峰塔顶因为遭到雷击而受损。方腊率领的农民军攻占杭州时，雷峰塔虽然幸免兵燹，却又添了一身创伤，大失往昔风韵。建炎末年，正值宋室南渡之初，杭州这个昔日的“东南佛国”，成了胡马铁骑不时光顾的激战前线。南宋初年，雷峰塔一度面临被拆除的危险，未曾想塔下出现了巨蟒，方才化险为夷。

南宋以后，雷峰塔景况尤盛，元末明初，雷峰夕照一直为游人所必看之景。“烟光山色淡冥蒙，千尺浮屠兀倚空。湖上画船归欲尽，孤峰犹带夕阳红。”元代诗人尹廷高这样赞赏它。明嘉靖末年，狡诈残忍的倭寇海盗侵略到杭州，看见雷峰塔，怀疑其中藏有明军的伏兵，竟纵火烧掉了塔外围的木构檐廊，只剩下砖体塔身，塔顶也毁残了，日久长出了野草杂树，招来了雀鸟安巢，古塔从此显得老态龙钟，却依然突兀凌空。明末清初，雷峰塔以其裸露的砖砌塔身呈现的残缺美，以其家喻户晓的知名度，成了“西湖十景”中最为人所津津乐道的名胜之一。清时，雷峰塔因夕阳西照，塔影横空，彩霞披照，景象十分瑰丽，康熙皇帝御题之为“雷峰夕照”。由于雷峰塔年久失修，社会上盛传雷峰塔砖能“辟邪”“宜男”“利蚕”之类的迷信说法，时人多取，这也为后来雷峰塔的倒塌埋下了伏笔。历史上，雷峰塔倒塌的这天是军阀孙传芳进杭州的日子，于是便有了“孙传芳到，雷峰塔倒”的俗语。

1924年9月25日下午1时40分许，西湖南岸一声巨响，雷峰塔轰然倒塌，霎时，鸦雀满天，尘埃蔽日，漫山遍野如云屯烟聚，良久始散。当时杭州市民闻讯前去观看，霎时间万人空巷。

民间关于雷峰塔的种种神奇传说，从南宋起，佛教僧人出于宗教的动机便推波助澜加以播扬、渲染，民间的“说话”艺人更是将这类传说和白蛇故事糅合编成各种话本，在瓦子勾栏里尽情地演绎，听得人激情澎湃、兴趣高昂。随着雷峰塔的倒掉，《白蛇传》的故事也不断地为后人传讲、改编、加工、充实。雷峰塔，由此便与白蛇娘娘、小青妹妹、许仙官人还有法海和尚一起尽人皆知，妇孺能言。①

雷峰塔有名与《白蛇传》里的白蛇娘娘、小青和许仙有关，民间只知道《白蛇传》，不知谁造古塔，画家吴理人自小听着邻居老人讲白娘子与许仙的凄美动人的故事长大，几十年后他画了一套《白蛇传》连环画小说，并获得了杭州市旅游产品银质奖。

注 释

①信息主要参考：梅重、洪尚之、陈洪民：《西湖天下景》，浙江摄影出版社，1997，第1—86页；“西湖天下”丛书编辑部编著：《西湖三十景》，浙江摄影出版社，2011，第1—71页。

第三章 生产与生活

第一节 南宋遗风

一、东菜·西水·南柴·北米

南宋定都杭州以后，随着北方人口的大量南迁，城区人口倍增，居民有八九十万之多，加上在京的中央官署的官吏、驻军及其家属，总数有一百万人左右。平时过路的流动人口，少则数万人，多时二十余万人，对日常生活资料的需求量日益加大。《梦粱录》中首次记载的“东菜、西水、南柴、北米”是极具杭州特色的生活场景。

“东菜”，即现在的城东庆春门及周边一带，那时门外是一片无际的菜圃和蔬菜市场，故俗称“冬青门”，人们又把它称为“菜市门”。《二老堂杂志》所载“盖东门绝无居民，弥望皆菜圃”说的就是“东菜”。这里还有一座以菜市命名的南宋老桥——菜市桥。南宋《淳祐临安志》中载：“菜市桥，菜市门外。”宋时，菜市桥东首的土地大都种植蔬菜，望过去一片青翠，收割后的交易几乎全部集中在桥畔进行，所以当地人呼为“菜市桥”。《西湖志》载：“菜市桥旧在门外上塘沙，地宜菜，故宋有‘东菜、西水、南柴、北米’之谣。”元末张士诚扩建城墙前，菜市桥在城外。后因扩大城域，将东面的城墙自外沙河（今东河）之西，移至贴沙河（今城河）之西，至此，菜市桥自城外搬入了城内。而菜市却依旧繁盛，经营的品种，非常丰富：大小白头菜、黄芽菜、芥菜、菠萝菜、苦菜、葱、蒜、韭菜、黄瓜、葫芦、芦笋等三十多种。相传，大将军常遇春从太平门攻入杭州，为了庆祝胜利，将太平门改名为庆春门，菜市桥也跟着改称庆春桥。也有另外一种说法，并没有常遇春由太平门入杭州之事，太平门改名庆春门，或许另有原因。当时，菜市桥畔曾出了个名叫王青翰的奇女子，因系盲人，既能诗又工唱，据《杭郡诗续辑》载，她所演的《张紫烟放秦》《杨玉环马嵬》，则是转喉引声，令听者忽喜忽怒，忽悲从心来，泣不能抑，其技出神入化。王梦楼太守曾为其书“青翰舟”三字。那时的菜

十大古城门之清波门外柴担儿

市桥，因为这位神奇的盲女，而使很多文化人仰慕。

这一带除了菜市外，还有灯市。旧时，有条通往庆春路的小巷叫花灯巷，相传巷内有制花灯的作坊。每家作坊在巷口挂了一个灯笼，为迷路的路人照明指路，小巷因此得名。巷口就是菜市桥，每到元宵节，桥边都会摆满形态各异的花灯，街坊放烟花、看彩灯、吃元宵，猜灯谜，其乐融融。“东城十景”之一的“花灯弦管”就在菜市桥。

“西水”，说的是城西涌金门、钱塘门外是烟波浩渺的西湖，旧时老底子杭州人饮水全靠六井和浣纱河，引西湖淡水入城，然后经小舟贩送到城里的各坊巷。

苏东坡《杭州乞度牒开西湖状》载：“本江海故地，水泉咸苦，居民零落。自唐李泌始引湖水作六井，然后民足于水，井邑日富，百万生聚，待此而后食。”隋文帝开皇九年（589年）废钱塘郡改置杭州，开皇十一年（591年）大将杨素奉命营建杭州城，当时杭州城范围不大，南至吴山，北到钱塘门，西临西湖，东濒盐桥河。杭州城内，本来是“江（钱塘江）海（东海）故地”，后来因江流向东南移动而成陆地。苏东坡《钱塘六井记》载：“沮洳斥卤化为桑麻之区，而久乃为城邑聚落，凡今州之平陆，皆江之故地，其水苦恶。”杭州成为州治，而且兴筑州城以后，居民日渐增多，但地下水还是咸苦不堪引用。州民饮水，只能远汲于西湖，十分不便。唐大历年间（766—779年），杭州刺史李泌曾于城中凿六井，引西湖水以供民饮。过了五十年后，白居易守杭时，西湖已出现了数十顷葑田。白居易仔细考察了环湖的地势，调查研究了杭州一带的气候条件，得出“大抵此州，春多雨，夏秋多旱”的结论。于是，他发动民众增筑湖堤蓄水，便有了“放水溉田，每减一寸，可溉十五余顷；每一复时，可溉五十余顷”的《钱塘湖石记》留世。后又过了百年到五代十国时期，西湖葑草蔓合，淤浅日益严重，湖面缩小，蓄水减少，影响了农田灌溉和城市居民的饮用。后唐天成二年（927年），钱镠置“撩湖兵”千人，专门负责疏浚之责，日夜清除葑草，挖掘湖泥，疏浚河渠，修理堤闸，使西湖绿波仍在，并使钱塘、钱江（仁和）、盐官诸县受到灌溉之利。此外又疏通六井涵管，使西湖水源不断流入六井，供民饮用。

“南柴”，说的是杭州人烧的柴使用的木料都是从城的南面运送而来的。老底子杭州人的木业，是杭州五大主业之一，且活动范围主要集中在城之南，因为这里濒临钱塘江，上接新安江和富春江，连接盛产木材的上三府诸县以及安徽的山区之县——休宁、屯溪、歙县等出产木材之地。那里盛产木材，流向城市最便捷和经济的方式便是水运。这些从钱塘江上游

十大古城门之正阳门外跑马儿

而来的运柴船舶大多经过闸口停泊在今江干一带的美政桥紫花埠一线的漫漫江涂上，挑脚夫将柴薪从船上卸下，装入木轮的牛拉车，涉过数百米的江滩到里街内河再次将其装到船上，继而运到城内各处。这里同时还是上江木材向苏、沪、嘉、湖等地的转运口，20世纪20年代，木业达到全盛时代：江干沿岸木筏如云，船只林立。山客、水客、塘客充斥于市，人头攒动，有大小木行二十多家。据记载，新中国成立前夕城南木行达到全盛，大小木行两百多家。随木业的发展而来的是其他行业的共同发展，有酱酒业、茶旅业、南北货业……

城南的木业有“三客”“三秘”之说法。“三客”之一为“山客”，是出售木材的货主，他们来自山区，大多老实、憨厚。所有木材，浮水而来，而木排既当舟又作家，是一种传统的原始运载方式。当登临江边时，看着那无边无际的木排，望着辽阔的江水远帆，使人产生一种遥远、旷达的感觉。“三客”之二为“水客”，他们是乘舟而来的采购者，大多来自嘉、湖、苏、浔等地，以转手买卖的人为多。“三客”之三为“塘客”，他们主要是木行的经营人员，是城南木业的主体、坐商，也是老底子杭州木业文化的创造者、地域经济的开拓者。他们创造的“茶市”“茶所”“行语”等行业文化，既促进了经营的规范化，也促进了木业的发展，如为了水客沿岸踏看排仓之后休息交谈，在沿岸的化仙桥外塘建造了“茶叶会所”，并定于每日上午为集会时间，既接待各路来的水客和托运人员，又进行看货商谈。但约定不许“山客”介入，以保护他们的过塘作用，形成了一种以卖方为主体的行业文化特色。

木业中的“三秘”，是“塘客”创造的一种木业文化，是特定历史背景下的产物。“三秘”之一为“成票”，是水客（买方）和塘客所签，且以价格的三涂四改为好，山客看后，以为塘客为他争了个好价钱。“三秘”之二为“南关字语”，共有二十个字，分别以“旁、风、飞、调、边、古、隔、先、张”代表1—9，以“要、赖、生、疏、匹、闹、涯、打、欠”代表11—19，以“老”和“重”代表0和20。塘客和各路水客，大都熟悉此语，业务交谈中全用此语交谈，而山客多不知此语。“三秘”之三为“龙泉木码”，量木规定：距头孔六尺处计量大小，所有板料，按长短大小折成立方米。塘客向山客报立方米时，要去百分之五的损耗，这大约是一种欺生吧。量围一般在候潮门外的抽分厂处进行，因当时该处河面开阔，便于集散，故当时又称“量围厂”。量围不论风雨，且不间断地进行，为此，围工必须有健壮的身体，才能胜任一天量四万根的任务，一天完毕，由山客招待饭菜，俗称吃“量围饭”。

“北米”，是指杭州城一百多万的人口每天消耗的大米近一万石。南宋朱熹《李公神道

十大古城门之草桥门外菜担儿

碑》有载："京师月须官米十四万五千石。"周密《癸辛杂识》也载："居民需经常籴米的有十四五万户，每天达三四千石。两者合计将近一万石。"

这万石大米大多是从湖州、苏州、秀州（今浙江嘉兴）、常州等地经大运河运往杭州，以当时可装二百至三百石的中等船只计算，每天就有四百至五百条船穿梭往来于运河上。这些船只大多停靠在北关门外的运河码头（今湖墅一带）。因此，湖墅之地就成为当时最大的米市，称"城北米市"，素有"湖墅大生意，城里头小生意"。

装载大米的船只到岸后，官米由司农排岸司负责装卸搬运至官家仓库；商贾大米由运河上黑桥附近的百余家米行接客收购，价格由米行的首领（时称"行头"）、牙人与外地米商洽定。城内几百家铺户（米店）到此批购。为了减少搬运的麻烦，米行主雇佣大滩与肩驮脚夫经城内东河、中河、小河等直接送到铺户。人们把这条黑桥称为"米市桥"，附近一巷称为"米市巷"。

二、十城门谣

自元末顺帝至正十九年（1359年），张士诚据杭筑城后，杭州就保持了十个老城门的格局。为了方便记忆，老底子杭州人把十个老城门编成了歌儿：北关坝子正阳门，螺蛳沿过草桥门，候潮闻得清波响，涌金钱塘共太平。也有老底子杭州人把十个老城门和当地物产、商贸活动联系起来，编成了十城门谣：百官（武林）门外鱼担儿，坝子（艮山）门外丝篮儿，正阳（凤山）门外跑马儿，螺蛳（清泰）门外盐担儿，草桥（望江）门外菜担儿，候潮门外酒坛儿，清波门外柴担儿，涌金门外划船儿，钱塘门外香篮儿，太平（庆春）门外粪担儿。

武林门是古杭州的北大门，始建于唐昭宗景福二年（893年），吴越王钱镠第二次筑罗城时。时称"北关门"，音谐百官，又称"百官门"。北宋时，城门南移，改称"余杭门"，明代改称"武林门"。从武林门至湖墅一带，历来是杭嘉湖淡水鱼集散地，所以有"武林门外鱼担儿"之说，卖鱼桥也由此而得。自大运河贯通南北之后，杭州城市沿此向北拓展，自北而来的船只聚集此地卸泊。入夜，这一带灯火通明，茶肆、酒馆、饭店、鱼行、米市鳞次栉比，是有名的北关夜市。古时"北关夜市"为"钱塘十八景"之一。

艮山门是古杭州的东北门，也是吴越王钱镠第二次筑罗城时所建。又名"保德门"，位于

十大古城门之太平门外粪担儿

艮山门外之无星桥。宋改为“艮山门”，艮乃卦之东北，故而得名。北宋汴京有艮岳，南宋取名艮山，也有思故国之意。门内有应顺桥，俗呼“坝子桥”，因此，又名“坝子门”。元时艮山门被毁，张士诚据杭城时重新筑城，恢复了艮山门的旧貌。南宋时，杭州是全国丝织业的中心，宋元以来个体丝织与机纺作坊遍布，机杼之声，比户相闻，为驰名中外的“杭纺”的主要产地，故有“坝子门外丝篮儿”之谣。艮山门于民国初期因筑路拆除。

凤山门是古杭城的南大门。南宋绍兴二十八年（1158年）增筑皇城，其北门叫“和宁门”。元时皇城毁于战火，元末张士诚筑杭城时，将“和宁门”改为“南大门”。明时，因和宁门位于凤凰山，改名为“凤山门”。又因正当城治之南，又名“正阳门”。当时，凤山门是南宋朝廷三省六部的官署所在地，万松岭一带又是风景秀丽的胜地。皇亲国戚、达官贵人进出的青骢马、油壁车不绝于耳，所以有了“正阳门外跑马儿”的杭谚。凤山门有水陆两门，凤山水城门建于1359年，历经了600多年的风雨，是现在杭州城内依然存在的古城墙和古城门遗址。钱江之水，“自龙山河涌入凤山水门”，通过城内阡陌纵横的水道，出武林门水门，和京杭大运河连在一起。凤山水门既是龙山河的北端端点，也是扼守江南运河通往钱塘江的咽喉。2014年，“凤山水城门”成为世界文化遗产——中国京杭大运河的遗产点之一。

清泰门是古代杭州的东大门。南宋初，吴越王钱镠筑的南土门已经废弃，于是官府在其南面另辟一崇新门，因与荐桥相对，又名“荐桥门”。元时门毁，元末张士诚筑城时向东拓展了三里，改名“清泰门”。门外一片水网交错，其地多螺蛳，故有“螺蛳门”之称。清泰门外沿江一带直至江水入海处，是古代煮海盐之处，沿江多盐田；外来之盐也自清泰门进入城市，遂有杭谚：“螺蛳门外盐担儿。”

望江门是古杭城东南偏东的城门，是南宋绍兴二十八年（1158年）筑城时新开辟的城门，故名“新门”。有茅山河经过，河上有南新草桥，又名“草桥门”。明改为“永昌门”。康熙五年（1666年），永昌门毁，重建后改名为“望江门”。因登城楼可望见江潮，明清以前此处一直是观潮胜地。杭州人口众多，蔬菜日供应量大，望江门外郊区是最大蔬菜供应基地，菜农担菜进城去卖，城里的菜铺、菜贩来此购买，络绎不绝，所以有“草桥门外菜担儿”的杭谚。

候潮门是古杭州东南的大门是吴越天宝三年（910年）筑捍海塘时所建。当时以竹笼盛石作基础，以车载运，故名“竹车门”。南宋绍兴二十八年（1158年），杨存中筑城时，将城门向东南江边迁移重建，因潮水有信，每天按时到达，在此可以候潮，故名“候潮门”。

十大古城门之涌金门外划船儿

钱塘诗人杨炎正有诗曰：“画楼突兀临官道，处处绣旗夸酒好。”南宋时，杭州的酒楼茶馆特别多，当时杭州的酿酒业已非常发达，但仍然抵不过绍兴出产的老酒。于是，绍兴老酒自候潮门源源不断地被运往城内，再转运到各酒楼瓦肆。酿酒生意十分红火，遂有“候潮门外酒坛儿”的杭谚。

清波门是古杭城的西大门之一，位于涌金门之南。五代时期吴越王钱元瓘开涵水门，引湖水从地下入城，也称暗门。南宋绍兴二十八年（1158年）筑城时，更名为“清波门”。元末张士诚筑城时，沿用其名。杭州人口辐辏，所需燃料的数量很大。清波门主要是把城外的柴炭竹木通过此门运入城内，进城后有的被送到柴炭木行，有的则是由小贩沿街串巷地叫卖，遂有“清波门外柴担儿”的杭谚。

涌金门是古杭城的西城门之一。相传此处有金牛涌现，吴越王钱元瓘引西湖之水入城，在此筑涌金池和涌金门，又名“小金门”，南宋时改名“丰豫门”。元末张士诚筑城后，仍称“涌金门”。涌金门濒临西湖，是游览西湖的一个入口，在游船码头上聚集着大小不一的船只近百艘。大船可容百人，中船可乘二十人，小船可载三五人。皇室有御舟，或称“龙船”，富豪之家有自造的画舫，装饰都极其精美华丽。相传许仙和白娘子就是坐船在涌金门这里上岸的，遂有“涌金门外划船儿”的杭谚。

钱塘门是古杭城的西大门之一，是隋文帝开皇十一年（591年）筑城时的城门。五代吴越王钱镠筑罗城时，仍沿袭隋唐之旧。宋、元时，杭州城多次改筑，城墙或有展缩，城门或有变迁，门名或有更改或有俗称。唯独钱唐门除唐时为避国号讳，改成钱塘门外，变化是十城门中最少的一座城门。杭州素有“东南佛国”之称，钱塘门外寺院尤多，往昭庆寺、灵隐寺、天竺寺进香时，必经钱塘门进出，遂有“钱塘门外香篮儿”的杭谚。

庆春门是古杭城的东大门之一，始建于唐昭宗景福二年（893年），为吴越国罗城之北门。南宋绍兴二十八年（1158年）筑城时改名“冬青门”，因离菜市较近，又名“菜市门”。元末张士诚筑城时，向东拓展三里，门近太平桥，改名“太平门”。明初，又改名“庆春门”。宋时，街市一般没有厕所，普通老百姓多用马桶。然，城里的粪便也不是随便收的，城里有粪行，称“金汁行”，有“粪霸”，收粪的人各有“领地”，谁破了规矩，事就大了。《梦粱录》卷十三里就有记载：“杭城户口繁夥，街巷小民之家，多无坑厕，只用马桶，每日自有出粪人瀽去，谓之‘倾脚头’，各有主顾，不敢侵夺；或有侵夺，粪主必与之争，甚者经（官）府大（诉）

十大古城门之重现杭州钱塘门旧韵

讼，胜而后已。”现在看来粪担儿这般的小事情，在那时却是可以上官府大堂的，遂有“太平门外粪担儿”的杭谚。

三、西湖香市

早在东晋，印度（古称天竺）僧人慧理不远万里来到杭州天竺山下，那时天竺、灵隐一带，远看峰峦叠嶂、古树参天，近看山谷玲珑、老藤攀岩，一派仙气，慧理被这里的一切吸引了便决定不再远行，于是在飞来峰下落脚建寺。据传当时的灵隐、灵顺、灵鹫、灵峰、灵山五寺，沿着飞来峰迂回铺展，这五寺中，灵隐寺的香火最为旺盛。灵山寺即后来下天竺的法镜寺，灵顺寺、灵鹫寺、灵峰寺已湮灭在历史的长河中。

到了五代时期，京城杭州，寺院林立，宝塔遍布，梵音不绝。昭庆寺是吴越国第二任国君钱元瓘在位时创建的，原名“菩提院”，后来僧人们为了昭示钱王的功德，改名“昭庆寺”。它的规模在杭州众多寺院中屈指可数，有千佛阁、藏经阁、戒堂、定观堂、观音井、清莲池、万善桥、看山亭等，从如今的少年宫一直绵延到望湖楼。旧时西湖，北有保俶塔，塔下有昭庆寺；南有雷峰塔，塔下有净慈寺，它们南北对峙共同守护着西湖。后钱元瓘的儿子钱弘俶在上天竺建造了“观音看经院”，以后，天竺逐渐形成了上、中、下三座寺院，遂被称为“三天竺”。至北宋苏轼到杭州为官时，上天竺的住持是辩才大师，苏轼与辩才大师的交情颇深，亦师亦友。两人经常在一起品茗论诗，妙语阐佛。身为杭州的父母官，若是遇上天灾，苏轼便去上天竺祈雨、祈晴、祈雪。才情并茂的苏子，未曾想到上天竺的美名竟然跟随他的文字一起流传开来，传遍了大江南北，传遍了古今。到了南宋建都杭州后，《咸淳临安志》记载：“九厢四壁，诸县境内，一王所建，已盈八十八所，合十四州悉数之，不能举目矣。”三天竺“众山环拱，烟云飘渺，时闻钟声，恍然天宫”，于是历代皇帝往往亲临礼佛，文武百官也跟随到天竺拈香。朝山进香的场面和影响越来越大，民间相沿成俗。于是逐渐成为极具杭州地域特色的“天竺香市”，再后来，便逐渐扩展成了“西湖香市”。

西湖香市始于花朝（农历二月十二，百花生日），尽于端午（农历五月初五），以天竺香市为最早。旧时，农历二月十九为观音诞辰，村民以一村一庄，结伙成队，即便是三寸金莲的小脚，也要乘坐香船来杭，停泊于松木场、拱宸桥一带，多时达千百只船，河道堵塞无隙。沿湖

十大古城门之螺蛳门外盐担儿

十大古城门之坝子门外丝篮儿

环山但凡有路的地方，都有她们的身影——那是来自嘉兴、湖州、苏州、无锡、常州等地乡间的蚕娘们。她们统一穿着靛蓝土布衣裳，包着各色头巾，背着黄色布袋，以糕、粽、炒米粉等干粮为食。到岸后她们有的上岸住客栈，有的歇息于各寺院房头，不过一般大都住宿船上。五十年前，松木场、拱宸桥还有这样的场景。她们都是杭州人口中的“烧香老太婆”，不分年龄大小，“烧了三年杭州香，来世投个好爷娘”。

进香路线，城内以吴山各寺庙，城外以天竺和灵隐、净慈、昭庆、圣因四大丛林为主。烧大蜡烛的，只有天竺一处。这种大蜡烛一支有数十斤重，装在特定的木架上，由两人抬着走，后面锣鼓伴送，到庙内后才将大蜡烛点燃；也有的用数尺黄、白布，将两边拦住，牵拽而行，叫“舍幡”，烧完香后，将其捐舍给寺庙。此外，还有所谓“三山香市”。“三山者”即天竺山的观音、小和山的玄天上帝、法华山的东岳大帝。进香队伍由长者带头领路，数十成群，肩挂黄色包袱，腰系红带，头裹白毛巾，在一天之内，来回百余里，烧遍三山之香，名曰“翻三山”。

烧完香后，还要了却三个夙愿。一是去清河坊的四拐角，买孔凤春的鹅蛋形香粉。只因孔凤春的“春”字加上香粉的“香”字，寓意讨“春香”的吉利。且鹅蛋形香粉用完后纸盒留香不去，可作永久的纪念。二是到皋亭山买只半山泥猫，回去放在蚕房内，据说可以防鼠。传说半山泥猫是掌管蚕桑丰歉的女神“半山娘娘”神龛下的神物。三是到杭城的素斋菜馆吃上一顿素餐，即便只是一碗阳春面，也能了却那等待了一年的夙愿。

四、吴山庙会

吴山，古称“胥山”“伍山”，老底子杭州人俗称它为城隍山。吴山高约百米，山势平缓，蜿蜒城中，由青平、云居、七宝、瑞石、伍公、宝月等十多座大小山头组成，自西南而至东北绵延。山上古树常年郁郁葱葱。无论是大雪纷飞的寒冬、烈日高悬的酷夏，还是风和日丽的春天，抑或是天高气爽的秋天，吴山总是那座供上山活动的人们的休闲之山，也是外来香客和商贾们常去的、最热门的山。

吴山是杭州人眼中的一座“俗山”，想了解杭州民风民情最好去吴山。明清以来，山上有“三多”：寺观庙宇多、茶馆酒店多、民俗活动多。这种胜景到了20世纪60年代便日趋淡化，

十大古城门之候潮门外酒坛儿

十大古城门之北关门外鱼担儿

几近绝迹，但吴山一直是杭州人遛鸟、打拳、喝大碗茶和听戏的乐园，直到21世纪初河坊街开街吴山庙会恢复，每年的主要时节立春、立夏、中秋、国庆、春节和元宵等都会举办迎城隍菩萨和财神等民俗活动，观众如潮。

寺观庙宇多。旧时的吴山，庙宇接毗，林林总总，大约有百来个，而且大多集中在宝月和伍公两个小山头一带。吴山的庙，大多为中小之庙。以城隍、东岳、药王、观音阁、有美堂和吴山道院等十座稍大些。其中，省城隍庙居于吴山的中心，系南宋绍兴九年（1139年）从凤凰山迁来，庙神为明代浙江按察使周新，《西湖志》载：“按神姓周，廉公厚直，为兵部尚书方宾所诬，含冤而死；被封为神，设庙于山，是为城隍。”杭州人素有感恩之心，感恩周新的好，故城隍庙是吴山大庙之一，省城隍庙凡四进，各五楹，前为大门，进为仪门，门中为戏台、十曹等；正殿奉周新及夫人像。省城隍庙左右各里许，有东岳、太岁、药王、关帝、白衣、府城隍、鲁班、火神等庙；府城隍庙左侧有仓圣祠、赵公祠、王公祠等。在通向吴山省城隍庙的五条登山之路上也处处有庙，自十五奎巷登山，为诣山东路，有喜神殿、重阳庵等。自七宝山三茅观登山，经大观台，为诣山南路，有兜神庙等。自十五奎巷之西登山，有海会寺、太岁庙、雷公殿等，此为诣山北路。自宝月山诣路，此为西北路，有峨眉庵、水神庙、关帝庙等。自清波门四宜亭登山，为诣庙西南路，有二程夫子庙、回神庙等。

茶馆酒店多。旧时，吴山上茶肆之多、茶事之盛、品茗赏景之美，一直为老底子杭州人称道。清人吴敬梓《儒林外史》中有“马二先生”上城隍山喝茶的精彩描述：“那房子也有卖酒的，也有卖要货的，也有卖饺儿的，也有卖面的，也有卖茶的，也有测字算命的。庙门口都摆的是茶桌子，这一条街，单是卖茶就有三十多处，十分热闹。”范祖述《杭俗遗风》也有记载：“吴山茶室，正对钱江；各庙房头，后临湖水。仰观俯察，胜景无穷。”到了20世纪五六十年代，山上的诸多寺庙堂观先后毁圮，吴山茶室喧嚣热闹的景象只留存在和时光一起逝去的那些老茶馆内。品茗楼，建在太岁庙遗址处，茶楼前后平台有砌石雕栏，四周回廊环绕，有几株大樟树矗立在庭院内，夏日里，围坐在大樟树下品茗，既清凉又惬意。庭院内的绿荫处，那是养鸟爱鸟人的极爱之地。每日清晨，茶客谈笑声和鸟儿的鸣叫声，在香茗的氤氲里此起彼伏。茶楼的上面是“极目阁”，取自唐代诗人王之涣“欲穷千里目，更上一层楼”的诗意。阁内陈设古朴典雅，乃为眺赏湖江胜景的极好之地。除此之外，还有很多的简易茶室，里面的茶很便宜，几元钱一杯茶可以坐上一天。所以这里的茶客们以老底子杭州的老人居多，他们每

二十四节气之立春

天上山喝茶搓麻将就像上班一样，一天不去就记挂。

民俗活动多。城隍山上众多的庙宇整日灯火通明，香烟缭绕，磬声梵音，终夜不歇，朝山进香更是络绎不绝。为了吸引香客和游人，各庙供奉的菩萨、神像，凡有点来历的，年年要过生日，举办迎神赛会活动，好不热闹。如俗传，农历六月二十四为雷祖生日、农历七月十五为三官大帝诞日、农历七月三十为地藏王菩萨生日等，许多人都要上山烧香赶会，四时庙会不断。在农历新年、立春、端午、立夏等岁时节日，各行各业休假，人们也都要上吴山赶庙会，于是山上山下人如潮涌，熙攘喧闹。庙会盛，游客众，民俗气氛浓郁。庙会期间，大批从业人员汇聚，一些店家、小贩在寺庙四周和沿山路设摊卖物。山上山下遍布各色店铺货摊，有卖茶点小吃、日用百货的，有卖花、卖玩具、卖字画的，有看相算命、测字卖卦的，有耍杂技、变戏法的，还有庙台戏、卖唱、斗鸟的等。三教九流，蜂拥而入，形形色色，不一而足，风土人情，各展异彩，形成了热闹的“庙市”。大家赶吴山庙会，除烧香拜佛、购买百货、观看演出之外，还到山上遍布的庙宇和算命、看相、测字摊前去占卦测运。因此，赶庙会的人往往是“闻风而去，满载而归”。

第二节　农事

一、独具江南特色的杭州“四立”“二分”“二至”

杭州是古吴越之地的一部分。杭州的古吴越人居于丘陵山峦，利用舟楫在水网地带活动，以渔猎和稻业为主。他们彪悍、勇敢、勤劳，通过剪短发、文身来显示威武，同时短发也

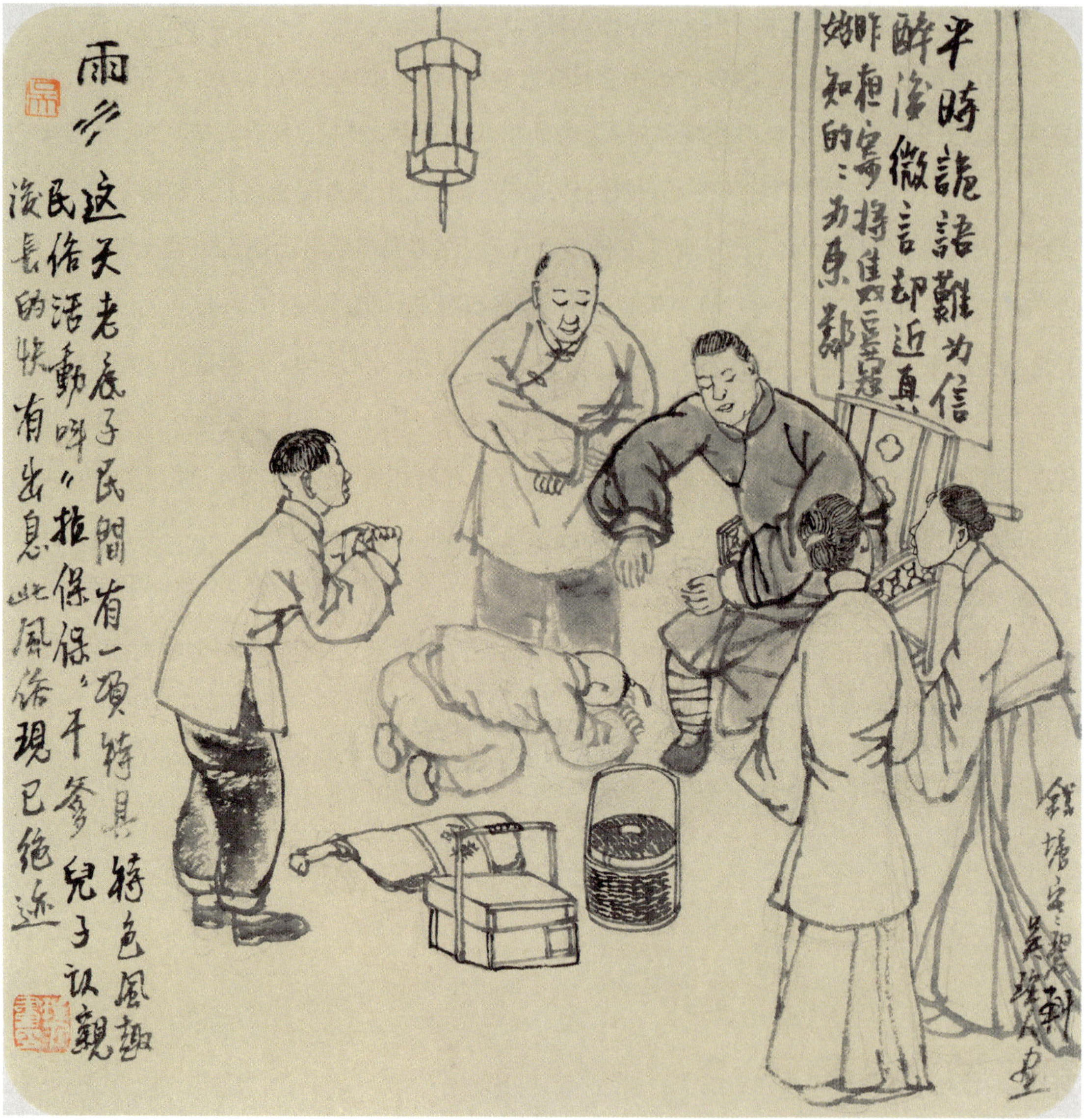

二十四节气之雨水

使得他们行动更便捷。

江南的杭州农事节日是一幅生动有趣并富有科学性的农业生产风俗画卷。从二十四节气中形成的“四立”“二分”“二至”，即立春、立夏、立秋、立冬、春分、秋分、夏至和冬至等八个农事节日，标志着阴阳沿革的时令，预报农事气候。而农事节日礼仪的祭祀内容，则在历史的长河中渐渐消失，尽管有的仪式还蒙上了一层淡淡的神秘色彩，但其实质构成了较典型的农事节日内涵。

1.“四立”

一年之计在于春，人们对春天寄予厚望，立春预示着万物更新。为此而庆祝的节日也是多姿多彩的。

立春：2月3日至5日之间，二十四节气中的第一个节气。

据《清嘉录》《说杭州》《浙江风俗简志》《江南风俗》等的记载：在民国之前，每年立春日举行隆重的探春、采春、插春、迎春、打春、鞭春牛和送“春牛图”等仪式。立春日清晨，人们走出家门去踏青，领受春光，叫作“探春”。人们采集冬青树、竹枝、松柏、青菜等，谓之“采春”。回家后将采集的树枝插到门上；或插在财神、灶神和门神的神位上，表示四季长春，春福富足，这叫作“插春”。将竹枝松柏编成环戴在儿童头上，表示四季清健，俗叫“带春”。立春前一日，举行隆重的迎春和打春仪式。官府出资或从民间集资，在城东郊庆春门外先农坛设祭泥塑或是纸扎的勾芒神和春牛（清朝改迎春牛为迎勾芒神），然后迎勾芒神和春牛入城。杭州人又名之为“太岁”。迎春时，旌旗鼓手在前面带路，勾芒神坐一顶四人大轿，身上披红戴绿，头插金花的春牛由四人抬着，后面紧跟着春官。春官一般由乞丐扮演，他头戴乌纱，身穿朝服，脚蹬朝靴，手执一根牛鞭赶牛。春官后面是当地按官阶品级排列的文武百官，文官坐轿，武官骑马，其余胥吏、差役头戴柳枝，身穿黑紫羔皮马褂、足蹬皂靴，手捧签筒，前呼后拥，仪式一般从府、县衙门前开始，沿街都有人出钱买牛鞭，拿回家插牛栏猪栏上，认为可避瘟疫。春官边打春牛边嘴里念念有词：“一打风调雨顺，二打国泰民安，三打五谷丰登。”两岸的人们夹道围观，小伢儿们争着摸牛耳朵，俗称“摸春”。成年人则以麻、麦、米、豆抛打春牛，打中了算吉利，俗叫“打春官”。待将“春牛”抬至指定地点时，再按官阶品级高低，依次向“春牛”磕头，拜毕，百姓一拥而上，将“春牛”弄碎，抢“春牛”泥土回家，撒向牛栏内。老底子杭州立春这天，寺庙庙祝还挨户分送“春牛图”，户主要用年糕大米回赠，庙祝说一番“五谷丰登”“六畜兴旺”等吉利话，各家要将

二十四节气之惊蛰

收到的“春牛图”贴于中堂，作神供奉。（钟毓龙《说杭州》第十一章《说风俗》）勾芒神及青牛供于杭州府衙门之懊来桥上，至立春时，勾芒神由此起身，上城隍山太岁庙，俗称“太岁上山”。民国以后，此举废除。①

谚语：“立春一日，百草回芽。”“立春一日，水暖三分。”

南宋钱塘（今浙江杭州）盐官县女诗人朱淑贞，有诗《立春古律》曰：

> 停杯不饮待春来，和气先春动六街。生菜乍挑宜卷饼，罗幡旋剪称联钗。
> 休论残腊千重恨，管入新年百事谐。从此对花并对景，尽拘风月入诗怀。

立夏：5月5日至7日之间，二十四节气中的第七个节气。

立夏对江南一带来说意味着农事、蚕事渐入忙季。江南地区老百姓在长期的种植水稻、植桑养蚕等生产实践中，形成了许多极具代表性的立夏习俗，并流传至今，形成风尚。立夏期间，农作物及草木进入生长盛期，蛤蟆在田间鸣叫觅食，蚯蚓从地下钻出来。早在古代，君王们常在夏季初始的日子，到城外去迎夏。迎夏的日子，就是立夏日。2016年11月，“立夏”作为“中国二十四节气”之一，入选联合国教科文组织《人类非物质文化遗产代表作名录》。杭州拱墅区半山地区是立夏习俗的主要传承地，“半山立夏节”已被列入《浙江省非物质文化遗产名录》。半山历来种植水稻、植桑养蚕，当地老百姓在长期的生产实践中，积累了农事知识，形成了节日风俗习惯。立夏日，老百姓在杭州半山国家森林公园按照风俗习惯举办吃乌米饭，采摘蚕豆，烧“野米饭”，“称人”，“斗蛋”等活动，祈求身体健壮，平安度夏，五谷丰登。此地男女老少广为参与立夏习俗活动，传承至今。

乌米饭历史悠久，出现于唐代，那时叫“青精饭”，是道家求长生不死的养生食物，为道家斋日的饵食。从宋代开始，佛家开始将青精饭作为斋食。称重也即称人，称人一面打秤花，一面讲着吉利话。称老人要说“秤花八十七，活到九十一”。称姑娘要说“一百零五斤，员外人家找上门。勿肯勿肯偏勿肯，状元公子有缘分”。称小孩要说“秤花一打二十三，小官人长大会出山。七品县官勿犯难，三公九卿也好攀”。打秤花只能里打外（即从小数到大数），不能外打里。

谚语：“立夏看夏。”“多插立夏秧，谷子收满仓。”“立夏三天遍地锄。”“清明麻，谷雨花，立夏栽稻点芝麻。”

二十四节气之春分

南宋诗人陆游，有诗《立夏》曰：

赤帜插城扉，东君整驾归。
泥新巢燕闹，花尽蜜蜂稀。
槐柳阴初密，帘栊暑尚微。
日斜汤沐罢，熟练试单衣。

立秋：8月7日至9日之间，二十四节气中的第十三个节气。

立秋的含义，同立春、立夏一样，表示季节的开始。"秋"就是指暑去凉来。到了立秋，梧桐树开始落叶，因此有"落叶知秋"。从文字角度来看，"秋"字由"禾"与"火"字组成，是禾谷成熟的意思。秋季是天气由热转凉，再由凉转寒的过渡性季节。立秋的民俗有，立秋节、晒求、秋忙会、秋收互助、秋田娱乐、贴秋膘、啃秋、秋社。我国古代将立秋分为"三候"："一候凉风至，二候白露生，三候寒蝉鸣。"寒蝉，蝉的一种，较一般蝉为小，青赤色，有黄绿斑点、翅透明。此虫现在亦有。立秋以后，傍晚漫步于运河两岸，走在高大的垂柳树下，柳枝拂面，随处便可听到寒蝉"知了……知了……"的鸣叫声，待走到声音清楚处时抬头仰望，可见三三两两的寒蝉趴在柳树干上或树枝上。此时，前方的运河水中不远处刚好驶过来一艘游船，浅浅的涟漪随船慢慢地荡开。此景之下，一天劳碌的倦怠感仿佛已经消失殆尽。

谚语："立秋之日凉风至。""立秋十天动刀镰。""早上立了秋，晚上凉飕飕。""一场秋雨一场寒，十场秋雨换上棉。""立秋雨淋淋，遍地是黄金。"

唐朝晚期著名诗僧齐己，有诗《城中晚夏思山》曰：

葛衣沾汗功虽健，纸扇摇风力甚卑。苦热恨无行脚处，微凉喜到立秋时。
竹轩静看蜘蛛挂，莎径闲听蟋蟀移。天外有山归即是，岂同游子暮何之。

立冬：11月7日至8日之间，二十四节气中的第十九个节气。

立冬的含义，《吕氏春秋》载："立，建始也。"表示冬季自此开始。立冬与立春、立夏、立秋合称"四立"，是古代社会中非常重要的节日。故每逢立冬，在信奉皇权天授的封建社会，帝王都会率领文武百官到京城北郊设坛祭祀，这是历朝历代都会举行的仪式。

立冬冬酿是老底子杭州人沿有的习俗。二三十年前的运河边还有不少酿酒厂，现在的大兜路上之前还有。立冬这天因为水特别清冽，气温又低，可有效抑制杂菌繁生，可使酒在低温

二十四节气之清明

下长期发酵，从而酿出良好的风味，所以立冬这天成为老底子杭州酿酒的最佳时间。酿酒人会在立冬这天清晨，斋戒沐浴后开始祭祀“酒神”，期盼保佑当年所酿之酒香醇，然后才开工准备酿酒的一切事宜。

谚语：“种麦到立冬，来年收把种。”“种麦到立冬，种一缸，打一瓮。”“立冬小雪紧相连，冬前整地最当先。”“重阳无雨看立冬，立冬无雨一冬干。”

南宋爱国诗人陆游，有诗《杂感》曰：

十月可酿酒，六月可作酱。儿曹念乃翁，左右日供养。
比邻有老疾，亦复致一饷。老老以及人，此义古所尚。

2.“二分”

春分：3月20日至22日之间，二十四节气中的第四个节气。

春分的含义：一是这天太阳光直射赤道，地球各地的昼夜时间相等，一天时间白天黑夜平分，各为12小时；二是古时以立春至立夏为春季，春分正处春季三个月之中，平分了春季。

立春后的第五个戊日，约在春分前后，是春社日。在古代，春社日这天，官府及民间皆祭社神祈求丰年，古有“春祭日，秋祭月”的说法。旧时，老底子杭州人在运河边有春祭活动。祭祀前要先在祠堂举行隆重的祭祖活动，杀猪、宰羊，请鼓手吹奏，由礼生念祭文，带引行三献礼。礼毕后，开始扫祭开基祖和远祖坟墓，全族和全村人都要出动，规模很大，队伍往往达几百或上千人。然后再分扫各房祖先坟墓，最后各家扫祭自己私墓。另外，春分这一天还要演戏酬神，称“社戏”，并以社糕、社酒馈赠亲友，祭祀土神，并设宴待客。老底子杭州人还有立蛋的风俗。这一天，谁立起来的鸡蛋多，谁就会整年交大运喽。但随着现代化城市的推进，此类习俗现已基本消失。

谚语：“节令到春分，栽树要抓紧。春分栽不妥，再栽难成活。”“春分时节，果树嫁接。春分麦起身，一刻值千金。”

宋代诗人苏轼，有诗《癸丑春分后雪》曰：

雪入春分省见稀，半开桃李不胜威。应惭落地梅花识，却作满天柳絮飞。
不分东君专节物，故将新巧发阴机。徒今造物尤难料，更暖须留御腊衣。

秋分：9月22日至24日之间，二十四节气中的第十六个节气。

二十四节气之谷雨

《春秋繁露·阴阳出入上下篇》中说："秋分者，阴阳相半也，故昼夜均而寒暑平。"秋分之"分"为"半"之意。

秋分的习俗，吃秋菜、送秋牛、放风筝、祭秋月，曾是传统的"祭月节"。古有"春祭日，秋祭月"之说。现在的中秋节则是由传统的"祭月节"而来。据考证，最初"祭月节"是定在"秋分"这一天，不过由于这一天在农历八月里的日子每年不同，不一定都有圆月。而祭月无月则是大煞风景的。所以，后来就将"祭月节"由"秋分"调至中秋。中秋赏月，老底子杭州人有去运河边，在拱宸桥、北新桥等桥上赏月的习惯。因为那时都是民房和田野，所以桥是赏月的最高地方。桥上赏月最有名的地点是老德胜桥，此桥与南宋名将韩世忠有关。当年苗傅、刘正彦因不满南宋皇帝赵构的偏安政策，趁机造反，南宋危机，名将韩世忠得知后勤王救主，大败苗傅、刘正彦，得胜后路过夹城巷老桥，至此老桥更名为"得胜桥"，后因明清时期此地居住了一位以道德规范做人的老学究，便又更名为"德胜桥"。

谚语："白露早，寒露迟，秋分种麦正当时。""白露秋分夜，一夜冷一夜。""秋分稻见黄，大风要提防。"

清朝钱塘（今浙江杭州）女诗人紫静仪，有诗《秋分日忆用济》曰：

> 遇节思吾子，吟诗对夕曛。燕将明日去，秋向此时分。
> 逆旅空弹铗，生涯只卖文。归帆宜早挂，莫待雪纷纷。

3."二至"

夏至：6月21日至22日之间，二十四节气中的第十个节气。

夏至是二十四节气中最早被确定的一个节气。公元前7世纪，先人采用土圭测日影，就确定了夏至。夏至这天太阳直射地面的位置是一年的最北端，几乎直射北回归线，北半球各地的白昼达到全年最长，且越往北昼越长。夏至过后，太阳直射点逐渐向南移动，北半球白昼开始逐渐变短。夏至多雷阵雨，疾来疾去，范围较小，雨量较大。这期间蝉开始鸣叫，半夏草开始出苗，地面气温进入一年中最高时期。古代农耕社会，杭州运河边的皋亭山崇先寺、龙居寺等寺庙每到此时，均有祭祀求雨等活动，以此来祈求风调雨顺。现今运河畔还有浴龙池、黑龙潭等遗址。南方流传的《夏九九气候歌》曰："一九二九，扇子不离手；三九二十七雪水甜如蜜；四九三十六，出汗如沐浴；五九四十五，头戴秋叶舞；六九五十四，乘凉不入寺；

二十四节气之立夏

七九六十三，上床寻被单；八九七十二，思量盖夹被；九九八十一，家家打炭墼。”此歌生动地反映了夏至后气温的变化。

谚语：“夏至棉田草，胜如毒蛇咬。”“夏至东风摇，麦子水里捞。”“日长长到夏至，日短短到冬至。”“夏至狗无处走。”

宋朝诗人张耒，有诗《夏至》曰：

长养功已极，大运忽云迁。人间漫未知，微阴生九原。杀生忽更柄，寒暑将成年。
崔巍干云树，安得保芳鲜。几微物所忽，渐进理必然。韪哉观化子，默坐付忘言。

冬至：12月21日至23日之间，二十四节气中的第二十二个节气。

冬至这天，太阳直射地球南回归线，北半球白天最短，夜晚最长，故得此名。冬至夜叫“夜长至、昼短至”。老底子杭州人有冬至守夜的习俗，画家吴理人记得小时候爷爷常常让他在冬至夜时伴其守夜。“冬至大如年”，老底子杭州冬至传统风俗是这天要祭祖上坟，现今仍旧传承。冬至这天晚上还有一习俗，东家要设宴喝“节酒”，请伙计过冬至夜，如此时摆出一只鸡，鸡头朝谁，明天那位伙计就要打包结账走人。冬至天气寒冷，人们往往躲在屋里教孩子唱《数九歌》。最流行的则是：“一九二九不出手；三九四九冰上走；五九六九沿河看柳；七九河开；八九燕来；久久加一九，耕牛遍地走。”另有“冬至大如年”，每年的这天，全家人齐聚一起，北方人吃饺子，南方人则吃汤圆，寓意团团圆圆，图个热闹。

谚语：“冬至阴天，来年春旱。”“晴冬至，年必雨。”“冬至不冷，夏至不热。”“冬至毛毛雨，夏至涨大水。”“冬至下场雪，夏至水满江。”

唐朝著名大诗人白居易，有诗《邯郸冬至夜思家》曰：

邯郸驿里逢冬至，抱膝灯前影伴身。
想得家中夜深坐，还应说著远行人。

二、茶之韵事

“茶为国饮，杭为茶都。”杭州茶叶之所以著名，不仅是因为唐代陆羽在杭州著《茶经》，更是因为千百年来茶叶和白居易、苏东坡、蔡襄、赵抃等许多杭州历史上的名人联系在一起。

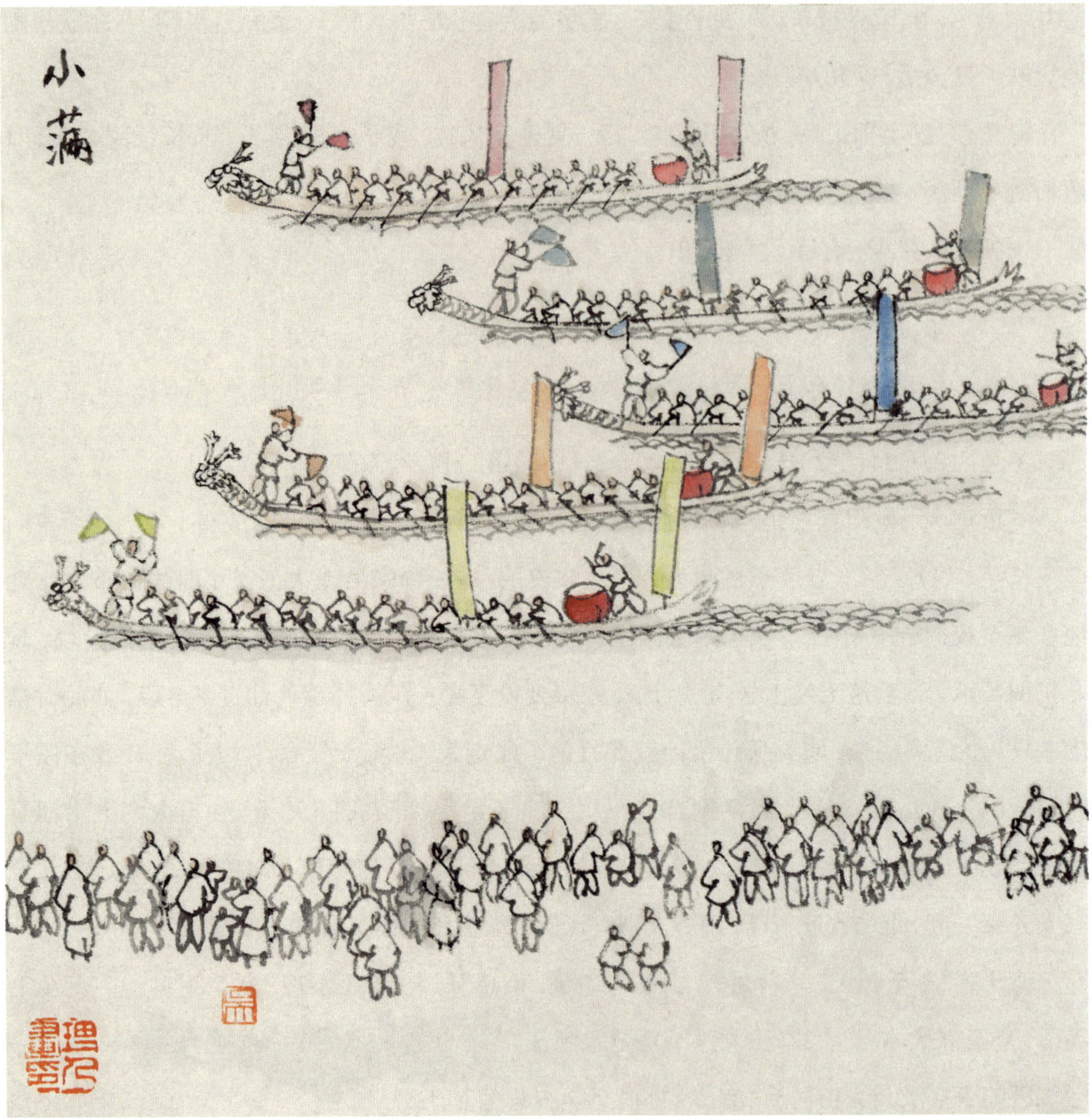

二十四节气之小满

陆羽（733—804年），字鸿渐，复州竟陵（今湖北天门）人，一名疾，字季疵，号竟陵子、桑苎翁、东冈子，又号“茶山御史”，是唐代著名的茶学家，一生嗜茶，精于茶道。陆羽在杭州市余杭双溪著成了世界上第一部茶叶专著——《茶经》，其对中国茶业乃至世界茶业的发展做出了卓越贡献，被誉为“茶仙”，尊为“茶圣”，祀为“茶神”。《茶经》是“杭为茶都”的重要历史依据。

时至唐代，以灵隐、天竺两寺旁茶园所产之茶为代表，写入陆羽《茶经》。宋代，则以龙井贡茶载入辩才、苏东坡和赵抃的不朽诗篇之中，以白云峰茶、香林洞茶为贡茶载入《咸淳临安志》。到了清代，乾隆皇帝六下江南，四上龙井，写下了六首御制龙井茶诗，龙井茶之上品又为狮子峰下的老龙井茶，被称为“御茶”。龙井茶从唐代至清代的传承演变始终在陆羽《武林山记》中的武林山之范围内。

到了晚清、民国时期，茶叶业成了杭州最主要的产业。可谓是茶行茶庄林立，天下茶商云集杭城。城内数百家茶馆茶店，遍布全城；钱塘江畔满载着安徽、江西茶叶的帆船首尾相衔，顺流而下，无比壮观；城内中河、东河，城外大运河的茶船，将茶叶运往苏州、上海，把江苏的名茶载来杭州；沪杭铁路、公路，杭徽公路开通后，满载茶包的火车、汽车将安徽、江西茶运来杭州，运往上海……世人遂呼“杭为茶都”。据1931年《杭州市经济调查》记载，杭州经营茶叶业者可分为茶叶行和茶叶店两种。茶叶行系茶户与茶客居间者。据1931年统计，杭州共有同春兴记、永大、公顺、裕泰、全泰昌、庄源润、隆记兴、源记、保泰、沈荣桢、戚龙章、翁启龙、鼎丰、翁月龙、吴钦记、应公兴16家茶行。茶叶店又有庄、号之分。茶庄系门售而兼批发者，1933年杭州共有翁隆盛、鼎兴元记（即南洋劝业会获大奖者）、方正大、方福泰、吴元大、吴兴大、吴恒有和记、茂记茶场等9家。茶号系专营门售者，全市有亨大、乾泰、春茂等52家，两种共61家，共有店员、学徒494人。据《杭州公司行号年刊》载，到1937年，杭州茶企业则发展到119家。[2]

清代范祖述《杭俗遗风》记载：南宋时杭州繁荣、发达，茶坊林立，当时的清河坊、狮子巷茶客盈门，生意兴隆。明、清以后，杭州评话问世，茶馆又成了艺人献艺的场所，从而也招徕了更多的茶客。《梦粱录》和《西湖新志》中，都有对杭州茶肆盛况和杭州人去茶室赏景品茗的描写。《武林旧事》载：“大茶坊张挂名人书画，四时卖奇茶异汤；大凡茶楼，多有富家子弟学习乐器，大街茶肆楼上，更有花园；穷极幽胜，皆士大夫约友会聚之处。”晚清、民国时期，杭市茶馆全城林立，以滨湖之望湖楼、吴山之绿荫茶榭等数家规模较大，夜间多设有

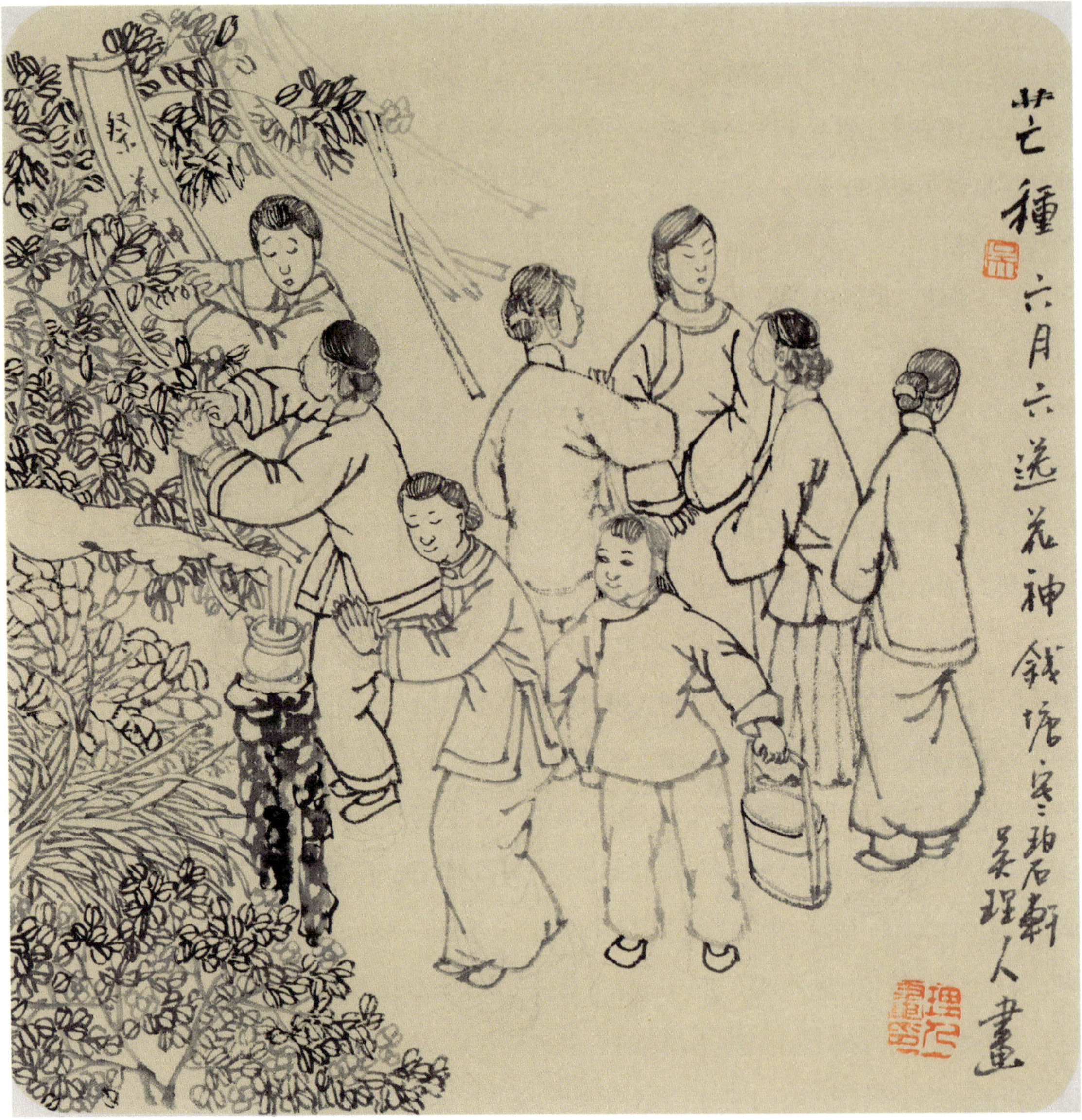

二十四节气之芒种

歌场以娱乐者；湖上别业如水竹居、坚匏别墅，名胜如平湖秋月、西泠印社，寺观如虎跑、韬光，处处皆有卖茶处，品茗者四时不绝。相传，新中国成立前杭州市（含近郊）茶馆最多时有300多家，以江干、拱墅等水陆码头和西湖风景点为最多。

有关采茶还留有这样的习俗“女采茶，男炒茶”。妇女们心灵手巧，采得快，采得好。男人身强力壮，手有劲，炒茶有抖、带、挤、甩、挺、拓、扣、抓、压、磨十法，全靠手上功夫。炒茶要根据嫩叶在徐火炙热了茶锅中的变化，熟练运用各种手法炒制，这样才能使茶叶扁平挺秀，光滑匀齐，翠绿略黄，香馥若兰。有关采茶还有祭祀的习俗，除夕请年菩萨时，要把每年采摘的头茶作供品，祈求神灵保佑来年风调雨顺，茶叶丰收。大年初一清晨，每家每户由男人先起床，冲上一杯新茶，并拿两个金团，放在灶神堂前，恭祭天地神灵。茶农最怕天旱和虫灾，遇到天旱虫灾，用猪牛羊三牲祭祀龙王菩萨、孟姜菩萨，有的抬了龙王的神位，敲锣打鼓，到茶山上去兜一圈，叫“出神”，既为求雨，又为消除虫灾。

三、药之独特

杭州笕桥，产有“笕十八味”的传统药材。清《光绪杭州府志》载：“艮山门外范浦，多种芍药，冠于诸邑者，有早绯、玉白、缀露等名，又有千口十白者，土人尤贵之，玄参出仁和者多，笕桥者佳。”

笕桥，位于杭州城区东北部，古称“茧桥”，明嘉靖年间（1522—1566年）改称“笕桥”，一直沿用至今。素有“小金陵”之称的千年横塘、列肆二里有奇的笕桥老街、盛况空前的笕桥药市……这些都曾是笕桥的代名词。

关于笕桥的药，据史籍记载，杭州城东历史上药市很多，有白石庙市、沙河沿市、新塘市、枸橘弄市、笕桥市等，其中枸橘弄市和笕桥市因经销规模大、药材品质优良而名声斐然。

据《江南古镇笕桥》一书中记载：笕桥中药材的历史悠久。汉朝时，著名医学家张仲景的《伤寒杂病论》中有五十八处运用“杭八味”。到宋朝，据《梦粱录》记载：“地黄茧桥种，白芷茧桥生。”当时的“杭八味”已称“茧八味”了。1929年的《工商半月刊》载：“笕桥居杭城之东北，地产之丰富在杭可首屈一指。地宜药最著者凡十八种……故成名笕药。”该文中还特别提到一个古老的传说：“八仙”之一的吕洞宾当年外出采药，途径杭州笕桥上空，一不留神把随身携带的药囊给

二十四节气之夏至

打落了，许多名贵药种便飘落至此，所以览桥这块土地上的药材不仅品种多，而且品质优良。是言虽为乡民美好愿望，然足以佐证其药品之纯良。其毗邻之地临平、乔司两镇亦产药材，而不及笕桥优。“笕十八味”即玄参、荆芥、牛蒡子、麦冬、地黄、薄荷、冬桑叶、莱菔子、苏梗、决明、千金子、冬瓜子、白芥子、夏枯草、泽兰、僵蚕、蚕砂、蝉蜕等。药农有祖传的一套翻、种、管、挖、晒、藏等种植药材的经验和习俗。其中不少药材，如莱菔子、冬瓜子、白芥子等，是瓜蔬种子；也有的是蚕桑生产的副产品，如冬桑叶、僵蚕、蚕砂等。

关于“笕十八味”的由来，民间还流传着另外一个传说故事。

相传有一天，药王孙思邈被家住笕桥、人称骆员外的人，从运河码头处用轿子抬到了家里。原来，骆员外的老父亲得了心病。骆员外是经营药材生意的，家里殷实，但此人品行不端，他居然在救命治病的中药地黄中掺杂使假。孙思邈目睹骆员外行为异常愤怒。他给骆老太爷把脉诊治后，便开了一方专治心病的药方，谢绝了骆员外酬谢他的重金，并对骆员外说：“医者父母心，如若都和你一般，你的老父亲便早已命丧黄泉，此地以后不会再来。”说完，便带着徒弟飘然离开了。可就连孙思邈自己也不会想到，三年未到，他竟又带着徒儿，千里迢迢地来到了笕桥，并且还将千辛万苦搜集来的药种赠予骆员外。

原来，药王孙思邈离开笕桥后，师徒便开始寻找良药，希望能少一些像骆员外那样的黑心药商，以造福天下百姓。半年后，师徒一路跋山涉水，来到太行山脚下。

一日，孙思邈在山边的悬崖旁挖到了一株他心仪很久的良药——玄参。经过试验，他详细地记录了玄参的播种和收获情况、生长特性和药理作用。望着这么些年来搜集的良种药材，孙思邈心想，要是有个良好的种植基地该多好，那样便可种出天下最好的药材来，可以给更多的病人治病，让他们免受病痛之苦。就这样，他一边走一边和徒弟思忖着。

天渐渐地暗了下来，此时两人见山脚下有一草舍，孙思邈便让徒儿上前询问是否可以借宿，询问后得知这是一个猎户人家，只是家中有老人生病，可能会有照顾不周的地方。徒儿便说，他们是行医之人，或许能帮老人治愈疾病。于是，师徒便在此借住下来，孙思邈给病人诊脉后，频频点头脸上露出微笑，猎户上前问道：“请问家母病情如何？”孙思邈回答道：“令堂只是久感风寒才导致身体极度虚弱，待我开具药方，按要求煎药服用，不日便可痊愈。”猎户甚是感激，连忙给孙思邈行了大礼，然后拿着药方准备出门到药铺抓药。这时，孙思邈嘱咐徒儿带上一部分草药和猎户一起到药铺换些银两，留作启程后的盘缠。

二十四节气之小暑

二人来到药铺，猎户把需要抓药的单子交给掌柜的，孙思邈的徒弟便仔细地盯着掌柜手中在抓的药，特别是对地黄看得尤为仔细，并且向掌柜问道："掌柜的，您这地黄是从哪里购的？肯定不是钱塘。"掌柜笑呵呵地说道："若是三年前，您这话肯定没错，这地黄还真的就是来自钱塘笕桥。"掌柜见孙思邈徒儿一脸疑惑的表情，便继续说道："以前小店的确不购买来自钱塘的药材，特别是地黄，因为那里有一个骆员外专门在药里掺假。可谁知，这位骆员外后来竟因为老父亲生病遇到药王孙思邈，而幡然悔悟、痛改前非，从此童叟不欺。后来，骆员外还在自己家旁盖了一座'绿地（地黄）亭'，不光在里面供奉药王孙思邈和他的徒儿的雕像，还在亭壁上印刻着药王为其父治心病的药方，旁边还有骆员外亲书的楹联'地贵长物，人贵修德；人不修德，实为走兽'。据说每年元宵节，骆员外会亲率全家到药王像前行大礼，并发誓'再不掺假，掺假天谴'！从此，大家都纷纷从骆员外那里购买药材，特别是地黄。"

回去后，徒儿便把掌柜说的情况一五一十地跟师傅孙思邈重复了一遍。"江山易改本性难移。"孙思邈不知道像骆员外这种奸商是否能真正洗心革面，于是决定和徒弟前去一看。

第二天，师徒告别猎户，朝钱塘方向走去。路上一边寻找良药一边继续济世救人，经过了几个月的辛苦跋涉，终于来到了钱塘县笕桥。

师徒来到"绿地亭"处，孙思邈望着眼前的一切，心想卖药的掌柜果然没有说错，便对身边的徒弟说道："骆员外为了改过自新，且不怕丑事外扬，甚是难得！我们这么些年来千辛万苦搜集来的良品药种或许到了应该有所归属的时候了。"没想到，孙思邈的这番话竟被在不远处的骆员外听得一清二楚。骆员外循声望去，发现眼前说话之人就是曾经让自己重新做人的药王孙思邈，便忙上前行大礼。在亭中自是寒暄一番，随后，骆员外将孙思邈和徒弟请到家中，并叫来全家人，大礼参拜药王师徒。

经过几日的实地考察，孙思邈决定将自己珍藏多年的优良药种和平日里记载详细的"瑰宝"一起赠与骆员外，而后，又和徒弟飘然而去。

再说骆员外，将孙思邈赠送的药和详细说明视若珍宝，雇人予以精心地播种、施肥、除草和病虫害、浇水等，功夫不负有心人，药材有了很好的收成，其中多半药材质量上乘，并被钦点为御用药材。这就是笕桥药农的后人所津津乐道的"笕十八味"的由来。后代的药农们仍然认为种植药材是行医施药、治病救人的好事，家家崇尚神农药王，设坛祭祀。每年春秋，老底子杭州笕桥人还要到吴山惠应庙（俗称"药王庙"）去烧香祭祀，以保佑药材生产丰收。

二十四节气之大暑

第三节　手工业

一、拜师祭祖相沿袭

杭州手工业习俗历史悠久，源远流长，从考古的资料来看，可追溯到新石器时代。从先民们制作的陶器、骨器、石器等各种器具中，不难窥见远古时期手工业习俗的一些痕迹。杭州手工业习俗中技法的传承性是一大特点。无论是个体工匠、手艺人抑或是其他的技术人员，都有其神秘的行业信仰，严格继承师傅的技艺操作经营。杭州手工业门类众多，各行业人才辈出，传统产品经久不衰，高超的绝技世代相传，所有这些与百作拜师祭祖有很大关系。自古以来，特别是近现代各行业如雕刻、裁缝、丝绸、水泥、学医、木作等均盛行拜师祭祖的礼仪。这种世代相传的风俗使手工技艺的传承不绝。

百作拜师习俗由来已久，在江南民间广为流传。手工业工匠学艺的方式，主要有随父、从亲眷和出门拜师三种。学徒拜师，要由人介绍，俗称“荐保”，有人担保，担保人称“保头”。经师傅同意后，订立师徒合约（又称“契约”）。契约内容规定需具体而简明：在三年或五年的学艺期间，除春节外，其余时间一般不得回家探亲；逢春节、端午节、重阳节等重大岁时节日，徒弟应向师傅赠送礼品；在学徒期间，若遭师傅打骂，甚至误伤致残，师傅不承担罪责；学徒期间，尤其在前两年内，学徒要手脚勤快，承担师傅家中的杂活；在学徒期间，没有薪水，吃师傅家的菜饭。倘若学艺过程中半途而废，俗称“回汤豆腐干”，是极不光彩的事。有些地区或行业，师徒双方签订的合同还规定延长学徒年限，半年或一年不等，以补偿病休假日，称“赠工”。拜师时，学徒除送礼物外，还须点燃香烛，双膝下跪叩首，先拜祖师，再拜师傅，然后向师兄行见面礼。至此，师徒关系才算确定。

受传统文化影响，一般来说，徒弟都十分尊重师傅，师傅也非常爱护徒弟。但尊卑上下等级分明，在学徒期间，得顺从师傅的教诲，不得擅自动作。如同席吃饭，师傅坐上位，徒弟

二十四节气之立秋

坐下位，徒弟须为师傅斟酒、盛饭，待师傅用完饭放下筷子后，徒弟还要给师傅递毛巾。平日里，徒弟一般不得与师傅同席饮酒。徒弟满师，外出谋生时，不得抢师傅的生意。师傅家如有红白喜事，徒弟要前往庆贺或吊丧。逢年过节，徒弟要给师傅送礼，师傅则设便宴款待。春节时，师傅给徒弟数量不等的压岁钱。徒弟结婚或生育子女，师傅前往送礼喝酒。

学徒学业期满，叫“满师”。要举行满师仪式，表示徒弟已学好技艺，可独立谋生了。届时办“满师酒”，宴请师傅、师母、师伯、师叔、师兄、师弟及亲朋好友等。首先祭祀行业祖师，然后向师傅、师母行三拜九叩之礼。师傅当众介绍徒弟学到的技艺。有的师傅还赠送一套工具给徒弟，师兄、师弟之间把盏斟酒，相互庆贺。有些徒弟从父或亲友学艺期满后，进行深造，再拜另外的师傅，俗称“过堂”。

老底子杭州民间的各行各业，相传都有自己的祖师爷，信奉本行业由师祖开创，并受先师的保佑。因此，各行各业往往供奉各自的祖师。每逢先师生日、逢年过节和开工之日都举行祭祀活动，形成习俗。

民间传说，石匠、木匠、泥瓦匠、砖窑工、裁缝等，皆崇奉鲁班为祖师，俗称“百作手艺供鲁班”。这些行业所用到的工具，如角尺、六尺杆、墨斗、线锤等，都是鲁班最早发明和传授下来的。

百作拜师祭祖是一幅江南杭州手工业的风情画面。百作拜师反映了学徒为取得一技之长的谋生道路而顺从严师陈规的约束。苦练技艺，造就了一代又一代的能工巧匠，使江南的手工技艺呈现出了春色满园、万紫千红的景象。而百作祭祖习俗，则反映了江南手工艺人崇敬师祖、祈求神灵献计献策和保佑行业兴旺的美好愿望。

二、杭扇

清代范祖述《杭俗遗风》“驰名类”载：“五杭者，杭扇、杭线、杭粉、杭烟、杭剪也。扇店推芳风馆为首，其余则张子元、顾升泰、朱敏时等；线店推张允升为首，其余则胡开泰、张大森、鼎隆、德一等；粉点推裘鼎聚为首，其余则关玉山、金建侯等；烟店推达昌为首，其余则陈四海、迎丰、天润、天隆、玉润等；剪刀店则推张小泉一家而已。”

扇子是杭州特产，在我国约有三千年的历史。以实用性、工艺性、收藏性等派生出了羽

二十四节气之处暑

扇、团扇、蒲扇、蕉扇、折扇等多种，其中较著名的杭扇，即折扇的一种，早在北宋时就已闻名天下。据载熙宁年间（1068—1077年），苏东坡在杭州任通判，其时，高丽（今朝鲜）和我国尚无正式通商关系，但常有人通过明州（今浙江宁波）、泉州、杭州等地来我国交易。郭若虚《图画闻见录》载：有人送给苏东坡一柄高丽白松扇，“展之广尺余，合之只两片”，轻巧雅致，极为方便，苏东坡还在扇面上题写了“雨叶风枝晓自均，绿荫青子静无尘”诗句。另外，苏东坡还叫人如式仿制，从此，杭州第一代折扇产生了，并逐渐传入了民间。到了南宋建都杭州，扇子品种更加多样化，有细画绢扇、金丝翠扇、道扇、细色纸扇、漏尘扇、异色印花扇等，制扇业得到了空前的发展。其间出了一位著名的制扇工艺大家，名叫闻喜，专为皇室贵族制扇。他曾为宋高宗赵构特制了一柄“玉孩儿”扇，高宗得后爱不释手，一次，在后园游玩时，不慎失手落入水中，高宗遗憾之余便发出了“千金空买玉孩儿”的感叹。据说这柄“玉孩儿”扇，长仅两寸，可谓细扇中的精品。更为奇异的是，不久此扇在候潮门一官员家的鱼肚中再现，高宗失而复得，喜不自胜。当时城内有一条长达一里的扇子巷就是制扇手工业集中的地方，巷名迄今沿用。到明、清时期，杭州的制扇业更加兴盛。下兴忠巷有座“扇业祖师殿”。据扇业会馆的碑文记载，该祖师殿重建于清光绪十四年（1888年），勒名捐助的制扇工场有139户，祖师殿神位上供奉的先辈老艺人462名。清代前期杭扇制作以“世以制扇为业”的芳风馆最为著名，其后舒莲记扇庄取而代之，当时官府所需扇子几为垄断，全盛时其营业额约占杭城扇业总数的三分之二，直至辛亥革命之前，该扇庄尚有雇员三百余人。今名闻中外的“王星记”扇，前身为光绪元年（1875年）创建的王星斋扇庄，创始人王星斋出身三代扇业世家，扇庄生产黑纸扇、檀香扇、宫团扇、戏具扇、舞蹈扇、白骨扇、象牙扇、孔雀羽扇等传统产品，并成功试制轻便扇、轻微扇、香木扇等新产品，共有近两百个品种。其中王星斋夫妇制作的高级黑纸扇，相传曾作为杭州名产进贡朝廷，供宫内使用，所以又有“贡扇”之称。黑纸扇的扇骨采用广西的棕竹、湖南的湘妃竹等，扇面用传统精细桑皮纸，着色用高山柿漆，经过大小八十多道工序精心制作而成。扇骨平整光滑，花纹美观，它不仅可以拂暑取凉，还可以遮阳避雨，素有“一把扇子半把伞”的美誉。据试验，将黑纸扇放入水中浸泡二十四小时，再放入沸水中煮上四十分钟，取出后再在太阳底下曝晒十几小时，扇面、扇骨仍然能保持原状，不影响牢固程度。

光绪年间（1875—1908年）为杭扇鼎盛时期，扇与丝、茶齐名，被称为“杭产三绝”。陆

二十四节气之白露

以湉《冷庐杂识》卷八说："如杭之茶、藕粉、纺绸、制扇、剪刀……亦皆擅土宜之胜，而为四方之所珍者。"清末，杭扇制作仍具相当规模，有扇坊50多家，大多开设在太平坊、扇子巷、官巷口一带，工人数达四五千。

三、杭线

杭州丝绸业历史悠久。早在宋代，就出现了"都民士女，罗绮如云"的丝绸穿着盛况，享有"丝绸之府"的盛誉。宋末元初的战争似乎并未对杭州的丝绸业造成太大的影响，马可·波罗在行纪中记述了游历杭州的见闻："杭州生产大量的丝绸，加上商人从外省运来的绸缎，所以，当地居民中大多数的人，总是浑身绫绢，遍体锦绣。"明清之际，杭州丝绸业更加发达，清代梁章钜《浪迹续谈》卷一中称："杭之机杼甲于天下。"寻常百姓家有织机者相当普遍，机杼之声，比户相闻。杭州民间的丝绸业主要集中在杭城东北一带，所谓"业绸者居城东北隅"是也。早期是忠清巷、相安里一带（今新华路），入明即盛，"迄今一乡之人，皆织绫锦为业"（清代范祖述《杭俗遗风》）。清代，杭州的两大丝织集中区，一是在东园巷一带，"群工匠多家城东""机杼之声，比户相闻"；二是在艮山门外石弄口一带。两地有专业分工，城内主要织造将原料丝先练染的熟织物，如宁绸、缎子、蟒袍料等，而城外则以织造先织后染的生织物如罗、绫、绢、线春之类为主。城内的练染业一般集中在东河北段两岸，这里位于东园巷和忠清巷之间，对于形成织染工艺系统十分方便。

杭州丝绸品种繁多，有绸、缎、锦、纺、绉、绢、绫、罗、纱、绡、绒等十五个大类，近两百个品种。富丽堂皇的缎类，织造精细，风格各异，有的雍容华贵，有的典雅大方，既可做各式高级服装，又可做镶边、屏风、坐垫等装饰性用品；织锦、古香被面及七彩北面质地紧密，古色古香；软缎、线绨北面柔软滑爽；金丝绒则色泽瑰丽，绒面耸立，质地柔软。还有薄如蝉翼的纱类，富有弹性的绉类，轻薄飘逸的绡类及柔软滑爽的纺类等，都离不开一种丝织品——杭线。

杭线，是以蚕丝为原料制成的线，用于挑花、刺绣、缝制绸缎丝织品衣服及靴帽璎珞，也用于串念佛珠等。《艮山杂记》载："（杭城）东郊七八里纠线为业者，十室而九，艮山、青春二门牙人负责卖线于城，旦晚出入，除舟装外，避免征税。天下组绉之需，莫不举称杭线。而逾此七八里者，遂无擅其能者。"清代，杭城专营杭线的，则是以清河坊的张允升最为有

二十四节气之秋分

名，该店设有制线工场，自制多种丝线，相传至今已有二百多年历史。到了民国时期，张允升制作的丝线还在西湖博览会上获奖。但后因洋线盛行，妇女挑花刺绣逐渐淘汰，杭线销路一落千丈，产量遂急剧下降。

四、杭粉

杭粉是杭产化妆用的胭脂，南宋时已负盛名，明末清初杭产脂粉就已远销日本。杭粉以诸暨、湖州所产滑石，广东的铅华为原料，配以珠兰、玫瑰、蔷薇等多种香料制成。清代以清河坊的孔凤春香粉号生产的鹅蛋粉最为著名，它细腻滑爽，留香经久，成了宫廷用品。因此，孔凤春的鹅蛋粉就被称为“宫粉”，又被称为“贡粉”。孔凤春系前店后作坊式的自产自销店号。脂粉产品除鹅蛋粉外，还有水粉、朴粉、雪花粉、玳玳粉、茉莉花粉等品种。

半个多世纪以前，杭城妇人还用此粉。画家吴理人小时在邻居常勇奶奶给邻家新媳妇绞脸时看到过此粉。绞脸是中国老底子杭州代代相传下来的民间原生态美容术，对身体没有什么伤害。工具很简单，一是红麻线一根（那是中国老百姓心目中的价值审美标准，代表吉利），二是刨花儿水一碗（刨花水便于梳理定型，且能散发出淡淡芬芳，还具有润发乌发之功效，是一种名副其实的天然绿色美发用品），三是用于涂抹嘴唇、脸颊用的胭脂和玫瑰几朵，四是用于妆后修妆用的白粉。待工具准备齐全后，绞脸的施行者便用一根红麻线，中间用一只手拉着，两端分别系在另一只手的拇指和食指上。或者中间用嘴咬着，两手套住两头，形成交叉的三角。除此以外，眉、鬓角也要修整。在要绞脸的人脸上抹上石灰，“美容师”咬着打交的丝线的另两端在抹着石灰的脸上绞来绞去，一会儿，汗毛被拔光，眉毛修得齐整，脸上也光滑、白净了许多。

关于绞脸民间还流传着这么一个传说，隋炀帝杨广当上皇帝后，骄奢淫逸，滥抢民女，于是有一家人就把出嫁的女儿的脸上的汗毛全部除去，涂脂抹粉假扮城隍娘娘抬到新郎家，以此躲避了官兵的检查。后来大家跟着学，相沿成俗。

二十四节气之寒露

五、杭烟

杭烟是一种优良旱烟，起源于清初。杭烟采用萧山、嵊县、新昌等地烟叶，其后又扩用金华、衢州、建德等地烟叶刨切成丝，上等的掺入兰花子、檀香末等香料夹杂刨切，品种有陈奇、元奇、白奇、贡奇等。陈奇原为陈四丰烟店所出，嗣后风行江、浙一带，各家争相仿制，故陈奇改名为呈奇。清初，杭烟每年贸易总额约在一百万元上下。其中宓大昌烟店，经过一段时间的发展，该店所制元奇、呈奇烟丝成为杭烟之翘楚，店名也享誉杭城。

宓大昌烟店原名宓世昌烟庄，现位于杭州市河坊街与中山中路路口，是一幢斑驳的三层老式建筑，这就是以经营旱烟而闻名的宓大昌烟店旧址。它是由浙江慈溪宓家埭人宓宝城于清嘉庆年间（1796—1820年）在杭州开设。烟庄创立之初，规模不大，仅有一间店面、十几名员工，专门经营旱烟丝。清同治八年（1869年），宓世昌烟庄更名为宓大昌烟店。宓宝城去世后，店铺由其长子宓庄晓继承，宓庄晓对烟店进行了重大改革。前店后坊，经营自制旱烟，经销各地名产烟丝、水烟、潮烟、鼻烟等。宓大昌制作的旱烟质优价廉，薄利多销，取信于众，远销新疆、云南和东北各省。宓大昌业主为保证烟丝质量，远至广东南雄、江西广丰，近至萧山四邻，而以新昌为重点设庄收购烟叶。采购时有专业师傅评级定价，以在大伏天受过日露的烟叶为上乘，购进存放三年，越陈越好，制烟时自有一套传统程序。1915年，宓大昌旱烟荣获巴拿马万国博览会铜奖。

杭烟销本地者多用纸包，运往外埠者均以篾箱装载。清末，杭城烟匠人数众多，烟叶行会力量甚大，1903年、1905年曾两次发生烟匠要求增加工资的大规模罢工斗争。

六、杭剪

杭剪即名扬中外的杭州特产——张小泉剪刀。创始人张小泉于明崇祯年间（1628—1644年）从安徽黟县会昌乡逃难到杭，在吴山北麓大井巷内开设张大隆剪铺，已有近四百年历史。其父张思家，自幼在以“三刀”闻名的芜湖学艺。小泉在父亲的悉心指教和实践中，练就了一手制剪的好手艺。明朝末年，灾害频繁，烽烟四起，黟县百姓朝不保夕，苦不堪言。父子二人，制剪为业，小泉刻意求师访友，技艺大进。经过反复琢磨，终于创制出嵌钢制剪的新技术。他选用闻名的“龙泉”钢为原料，制成的剪刀具有镶钢均匀，钢铁分明，磨工精细，刃口锋利，销钉牢固，开

二十四节气之霜降

合和顺，式样精巧，刻花新颖，经久耐用，物美价廉等十大特点而驰名。清康熙二年（1663年）改用“张小泉”牌号，乾隆皇帝下江南时，对张小泉剪刀十分赞赏，并把它列为贡品。当时张小泉剪刀在杭城可谓是“青山映碧湖，小泉满街巷”，在江南各省都有冒牌张小泉剪刀店铺。张小泉的儿子张近高继承父业后，在“张小泉”牌号下加了“近记”二字，以示正宗。

后经过近二百年的发展，张小泉近记一脉仍不忘祖训，兢兢业业、童叟无欺，积累相当的财富。然自张小泉五世孙利川病逝后，其子永年又尚幼，经营的重任只能落在利川之遗孀孙氏的肩上。在那个封建社会里，妇女还不像现在可以参加劳动，由于不直接管理，一段时间，制毛坯工段便经常出现次品。孙氏为了保名号，采取减少炉灶，优价收购剪坯的办法，使剪刀质量继续得到保证，以期待儿子长大后继承“张小泉”剪刀事业，不辱祖上名号。可另一方面，那些被精减出去的职工，由于非常熟悉近记的工艺、经营模式，便重操旧业，也开设剪刀铺，在取名方面，纷纷以张小泉的传人自居，打出多种相同的牌子，有“张小泉”“张小全”“张小淥”；再或前面加上“老”“真”“真正”“百年”；再或后面加上“近记”“琴记”“进记”“谨记”“井记”“双井记”“大井记”等。于是又一次地出现了大规模冒用张小泉的名号，清光绪十六年（1890年），孙氏趁钱塘知县束允泰上城隍山祭祀时，拦轿告状，控告那些盗用“张小泉”名号的人，钱塘知县了解情况后，出示布告，严禁冒用，并特许刻石立碑于店门口。1910年，南洋劝业会上，张小泉剪刀获得了银牌奖；1919年，巴拿马赛会上荣获四等奖；1913年，国货展览会上获得二等奖；1949年后，在全国三次民用剪刀评比中均荣获一等奖；1979年，荣获国家银质奖。

据《浙江日报·工商组》资料载：张小泉剪刀现有八十多个品种，二百六十七个花色。其中民用剪刀有尖头剪、长头剪、阔头剪、家用裁剪、轻便剪等十六个品种。工业用剪有麻纱剪、棉纱剪、电动地毯剪、草帽剪、玻璃剪、首饰剪、铁皮剪等三十三个品种。农业用剪有轻修剪、桔剪、羊毛剪、兔毛剪等十二个品种。还有适应旅游用的旅行剪、双圈剪，工艺美术制绣业用的绣花翘头剪，摄影业用的照相花边剪等。最大的料剪刀有三十六寸长，三点五千克重；最小的花色剪刀只有一寸半长，四钱多重。

清末时，剪刀业分工日趋专业，有专制剪坯的炉作，专为精磨、装配的白工，以及以经营为主的商号。杭剪也不光为张小泉“近记”一家产品，宣统三年（1911年），杭州的剪刀店号多达十二家。[3]

二十四节气之立冬

第四节　饮食撷萃

饮食是一种艺术，是人类文明的象征之一。杭帮菜隶属于江南菜的范畴。据民间典籍和传说记载，江南的烹饪技术可追溯到帝尧时代。《江南风俗》载：相传我国第一位著名职业厨师彭铿（又称“彭祖”）因精作美味的野鸡羹而得到尧的重赏，封邑大鹏国。浙江自古以来就有“物产丰而菜肴美”之称。江河鱼虾丰盈，沿海渔场密布，起伏的山峦，盛产山珍海味，逐渐形成了具有水乡、山野风味的江浙菜系。杭帮菜与宁波菜、绍兴菜共同构成传统的浙江菜系，而杭帮菜在浙江菜中最负盛名。

一、杭帮菜

杭州风光秀丽，早在北宋时便有“地有湖山美，天下第一州”的盛誉。苏东坡更是有诗云“天下酒宴之盛，未有如杭城也”，使得杭帮菜锦上添花，得天独厚。杭帮菜源远流长，最早可追溯到距今约千年的南宋，当时临安作为繁华的京都，南北名厨济济一堂，各方商贾云集于此，杭菜达到鼎盛时期。历史上杭帮菜分为“湖上”“城厢”两个流派。前者用料以鱼虾和禽类为主，擅长生炒、清炖、嫩溜等技法，讲究清、鲜、脆、嫩的口味，注重保留原汁原味。后者用料以肉类居多，烹调方法以蒸、烩、氽、烧为主，讲究轻油、轻浆、清淡鲜嫩的口味，注重鲜咸合一。

杭州人喜欢吃鱼虾河鲜和各种时令蔬菜，深受一方水土养一方人的影响。地处江南的杭州，可谓是物产丰富，自然资源得天独厚：春天里的春笋、韭菜和马兰头、荠菜、蕨菜等各种野菜；夏天里的豌豆、毛豆、蚕豆、冬瓜、丝瓜、黄瓜、小白菜、毛毛菜等各种豆类和瓜果蔬菜；秋天里的南瓜、芋艿、莲藕、板栗……冬天则是杭州的油冬儿菜和红萝卜最丰盛的季节。杭帮菜中主要的代表菜典有西湖醋鱼、宋嫂鱼羹、龙井虾仁等，千百年来经久不衰。这一道道菜都与杭州、西湖有着千丝万缕的联系，一道道菜的背后都有一个美丽的故事。

二十四节气之小雪

西湖醋鱼，古有“叔嫂传珍”的美名。坊间传说，南宋时，西湖水中有宋氏两兄弟以打鱼为生，哥哥娶到了一位贤良淑德、美丽善良的媳妇。一日，当地的一恶霸见宋嫂姿色动人，便起了歹心，于是派人谋害了宋兄。宋氏叔嫂告状未成，反遭恶霸报复。得知恶霸准备再次谋害小叔子，宋嫂决定让小叔子出走避难。临别前，她特意用糖、醋烧了一碗鱼给小叔子饯行。小叔子不解，便问嫂嫂道：“为何要把鱼烧成又酸又甜？”宋嫂说道：“这是想让你在外不要忘记你嫂嫂我饮恨的心酸。”后来宋弟果然没有辜负嫂嫂的期盼，他不但得了功名还做了官。回到杭州后，他惩办了那个曾经弑兄欺嫂的恶霸。等他报了杀兄之仇后，却未能找到嫂嫂。一日，宋弟外出赴宴，宴席上居然吃到了离家时嫂嫂专门为他烧制的糖醋鱼，询问之下，才知这家的厨娘正是自己的嫂嫂。叔嫂多年未见，宴席偶遇，自是悲喜交加，小叔遂辞官回家，和嫂嫂一起重过起渔家生活。此事被后人传为佳话，西湖醋鱼的特色和烹饪秘方便也因此流传了下来。

“宋嫂鱼羹”的故事，是有史料记载。据南宋学者周密《武林旧事》记载：绍兴三十二年（1162年），宋高宗让位于宋孝宗，自己退居德寿宫颐养天年，自称太上皇。每逢春天，宋孝宗总是陪太上皇赵构从聚景园坐龙舟游西湖。淳熙六年（1179年），宋孝宗在陪太上皇游西湖时，在断桥附近，命太监用小旗招引湖上的买卖之人靠近龙舟，各有支赐。买卖之人中有一位汴京（今河南开封）口音的宋五嫂善做鱼羹，在西湖中以卖“赛蟹羹”即鱼羹为生。太上皇命她制羹进食，品尝之后，十分赞赏。宋五嫂便对太上皇说，她原是汴京厨娘，金兵入侵，宋室南渡，便逃到杭州，在钱塘门外开了一家小食铺为生，以西湖草鱼代替黄河鲤鱼烹制鱼羹飨客。因其烧的鱼羹带有浓浓的家乡的味道，所以勾起了赵构满满的思乡之情。赵构又见其年老，特宣上船起居，赐金钱十文、银钱百文、绢十匹。从此，宋嫂鱼羹名声大噪。时人有诗云：“一碗鱼羹值几钱？旧京遗制动天颜。时人倍价来争市，半买君思半买鲜。”

龙井虾仁，是一道比较体现西湖秀美气质的杭州名菜。它的特点是“色绿、香郁、味醇、形美”。以龙井茶叶和活河虾为主料烹制而成。这种把茶与虾相结合的炒菜技艺，真是别出心裁而又恰到好处。把最清雅的两种色彩相配，虾仁玉白鲜嫩，茶叶碧绿滴翠，如同羊脂美玉配翡翠，如品尝天外飘香之味。龙井虾仁色泽雅丽，滋味独特，是传统的杭帮菜。

二十四节气之大雪

二、风味小吃

杭州的风味小吃，花式新颖品种多，四季时鲜不同，且有三大特色：一是大都取料于杭州的土特产，还大都与西湖名胜相关联。夏日游湖，西湖藕粉最应景；秋游南山满觉陇赏桂，到桂花厅吃一碗西湖桂花栗子羹。二是岁时节令，各有时鲜美味。如春节供应各式春卷、鲜肉汤团、什锦八宝饭，清明时的清明团子，端午节时的细沙或鲜肉粽，中秋制作杭式、苏式、广式月饼，重阳吃栗糕……阳春三月，多鱼虾鲜笋，虾爆鳝面、片儿川面、虾肉小笼包应时尝鲜；夏日炎炎时的薄荷膏、水晶糕、茯苓糕、肉骨头粥；三秋湖蟹肥，蟹肉小笼包、蟹黄大包一应俱全；腊月则为糯米糍粑、猪油玫瑰年糕。三是历史悠久，并多伴有传说，如油炸烩和吴山酥油饼等。

相传岳飞被秦桧夫妇谋害后，杭州百姓对秦桧深恶痛疾。当年望仙桥边有家专卖油炸面食的小店，店主每天看着奸臣秦桧坐着八抬大轿从店前煞有介事地走过，一想到岳飞的冤死，甚是愤恨不已。一天，当秦桧一行又经过他店门前时，他将早已用面捏成人形的物什，放入油锅，边炸边喊："油炸秦桧，油炸秦桧！"当官兵上前问他叫卖的是什么时？他便随口说："油炸桧。""油炸桧"从此而得名。

旧时，城中清河坊一带与吴山山上卖酥油饼的店摊不少，就连那茶楼酒肆也兼有吆喝叫卖的。由于这饼又酥又脆且集中在吴山上下售卖，故曰"吴山酥油饼"。酥油饼，又名油酥饼、蓑衣饼。原是安徽淮河边寿县的一种较普通的杂粮制品，形似窝窝头。它的出名，与北宋开国皇帝赵匡胤有关。传说，赵匡胤称帝后，在攻打后周时，反被周恭帝围困在寿州（今安徽寿县），就在城内粮食将尽时，寿州百姓冒死把做好的油酥饼偷运进城，接济宋军。赵匡胤见寿州百姓送粮入城，高兴地说："真乃大救驾也。"后来宋军大败后周，赵匡胤凯旋回到汴京，在设宴庆祝凯旋时，赵匡胤想起寿州百姓冒死送粮救驾之事，特地叫宫内御膳房做了不少酥油饼，请众文武大臣品尝"大救驾"，并下旨寿州百姓免缴赋税。后来，此饼由宫中传入民间，一时汴京城内外到处在卖"大救驾"。赵匡胤得知后，心想这"大救驾"怎能随意卖呢？但又考虑此饼已为官民所共喜，遂下旨改名"酥油饼"。到了"靖康之难"时，为逃避金兵杀戮，那些从汴京逃难到临安（今浙江杭州）的手艺人中，就有会做酥油饼的。他们在吴山和清河坊一带开设店铺制作叫卖，因酥油饼口味好于山西、山东的大饼，所以很快在临安受到百姓们的欢迎。而后又经历了制饼艺人的不断探索和改进，采用一层油面一层水面相叠擀制成饼，用沸油氽脆，出锅

二十四节气之冬至

后在饼上撒以糖粉，饼似蓑衣，故又名“蓑衣饼”。每逢吴山庙会、香市时，来城隍山烧香的人总要买几个带回去馈赠亲朋好友和左邻右舍，久而久之，酥油饼便享誉杭城。

三、茶俗旧忆

旧时，老底子杭州民间有“吃品茶”的习俗，这是一种社会广泛流行的民间调解纠纷的自发活动。一些商家之间、邻里之间发生争议，并不是找官衙、警察来审理，而是找那些社会上有声望、办事公正的人来主持公道，当“审判长”。

当时杭城内外，大小茶馆到处可见。茶馆，在旧杭州时堪称五大行业之一，其渊源可追溯到南宋的歌馆、“瓦子”等。老底子杭州还有十家大茶馆，分别以楼、台、阁、园、轩等命名。有城站的大茶馆迎宾楼，“旗下”的雅园、西园，南星桥的碧霞轩，拱宸桥的醒狮台；小茶馆可谓是星罗棋布，无处不在。

到茶馆里吃茶、听书，既是人们消遣、取乐之场所，也是他们议是非、判曲直、调解纠纷的好地方。商家、邻里之间发生了争执，老百姓怕“吃官司”，深知“朝南衙门八字开，有理无钱莫进来”的道理，所以宁愿上茶馆吃品茶来解决纠纷。吃品茶，就是争议双方当事人自愿邀集行业中人或街坊邻里若干人，到茶馆评议是非，调解纠纷。规矩是双方的当事人，提前一日约好到某一家茶馆吃品茶，并邀请公道人和评议是非的“茶客”来。吃品茶这一天，先由双方当事人陈述争议事由，然后由茶客对争议内容判断是非，进行裁决，最后由“裁判长”根据众多茶客的意见，当场拍板判定谁是谁非，或赔礼，或赔偿。理亏的一方，负责付清全部茶客的茶钿，不能再有异议，并按“裁判长”的裁决执行。一般来说，这种民间调解方法甚是有效。当然，也不乏蛮横无理之辈不服裁决，甚至恶语伤人、大打出手的，但最终还是得第二次吃品茶，迫于公众舆论，服从判决。

除了吃品茶外，茶馆里还有吃书茶、吃讲茶、吃闷茶、吃会茶、吃彩茶等。书茶是指在茶馆内听大书或是评弹之类。茶馆为了招揽生意，常延请有名的大书先生或外地评弹艺人来茶馆设坛说书，除酌付车马费外，仍可向茶客要“赞助”，每当说到精彩之处时，台上的说书先生总要用手中的醒木猛地拍在说书台上说一句“预知下文如何，且听下回分解，老少爷儿们明天见”。画家吴理人就曾亲历过这样的场面。

二十四节气之小寒

还是小伢儿的他住在中山北路贯桥时，隔壁茶馆里每天有两场说书，下午一场、晚上一场，每天爆满，生意很好，若是迟一点去连凳子都没有。那时他还蛮小，往往趁说书先生讲得劲道十足，听书人听得津津有味时溜进去，钻到桌子底下捡香烟屁股。回家后，用香烟屁股给爷爷重新做香烟抽，每当他看到爷爷抽得幸福的样子心里总会感到十分有成就感，感到自己已经如大人般有用了。同时，他也捡各种各样香烟壳，与他一样大小的伢儿用来滚铜板、打弹子赌香烟壳儿玩。有时正在桌子底下钻来钻去，忽听到说书先生讲“三英战吕布”“鲁智深野猪林救林冲”等精彩故事或者听到那洪亮的吼叫声和一阵阵用醒木拍到桌台上的啪……啪……啪声时，他便会忘记与小伢儿抢烟屁股的事，坐在地上听起书来。

四、酒俗记趣

民间传说，创造酒的祖师爷是杜康。老底子杭州人喜欢吃黄酒，这与地理环境有关，黄酒养身，而且主要是用糯米和曲酿制而成，主产绍兴，也叫绍兴酒。它浓度适中，味甜醇，有“老酒糯米做，吃了变妞妞”的杭谚。20世纪五六十年代，杭城里卖绍兴老酒的小酒馆还蛮多。到了六七十年代，这种小酒馆还依然存在。仓桥拐角屏风街口就有这样一家小酱酒店，老远都会闻到一股蛮重的酱香味，画家吴理人小时候几乎每天都要经过那里。这家酱酒店店面不大，只有一间门面，左边一个曲尺型木柜台，右边放着一张矮方桌和条凳，供喜欢喝酒的人小酌一会儿。这样的小酒馆是属于街头巷尾的老街坊的。酒馆老板几乎认识到店里的每一位熟客，知道他们的酒量，知道他们各自喜欢的下酒小菜，甚至知道他们酒后会说些什么。小店里的盐水煮毛豆是永远受欢迎的，就像店里绝不掺假的绍兴黄酒一样。这样的小酒馆，只要走进去，坐一分钟，就能生出怀旧的心情。那些老酒客们抿一口小酒，然后大声地说着“老底子如何如何……”小酒馆里嘈杂而温暖的气息，就是他们怀旧的理由。

二十四节气之大寒

第五节　水陆行载

一、修桥铺路承佳风

在历史的长河里，桥是文化的纽带，也是生活的继续，更是希望的延伸。

著名戏曲理论家沈祖安先生在给画家吴理人《跨越钱塘》所作的序中这样写道：“从老底子杭州城墙艮山门往南数起，第一座就是灞子桥。灞子桥往西南，便是骆驼桥。再往南走，经过宝善桥、新桥和太平桥，沿河下到了杭州瓜果蔬菜的集散地菜市桥。其繁华见于张岱、祁彪佳和近人郁达夫与许钦文的著作中。顺着忠清里大街跨上当年施全刺秦桧的盐桥，这是从曹娥江运来的东南沿海大小三十二家盐场的官盐的汇趸处。盐桥的西边，现在名为光福路的小街，原是一条二十里的长河，北起密度桥至梅登高桥迤逦南来，经过贯桥、仙林寺桥至华光桥，从水漾桥到了荐桥，那就是老诚油纸伞店的荐桥街。从扇子巷走进去径直来到柴垛桥，这是南来的水运柴禾堆栈所在。它左是章家桥，右是平津桥，南向为三座对称的斗富桥，西与羊坝头的三桥遥相呼应。稍往右便是三桥直街闹市口——自定安桥水巷折向新宫桥至望江门内的望仙桥，是南宋供奉的民间商贾的漕运，经七条河流汇集在鼓楼南首的化仙桥至车架桥北隅，走过上仓桥，直到江干的南星桥，就面对汹涌的钱塘江。这一带自南宋以后，集宫外的御街和朝内的天街。在凤凰山至紫阳山周围，万商云集，百业兴旺。桥在这一带的概念，既是交通方便的标志，又是城市繁华的点缀。因此，有桥皆通途，无桥不恢宏。人们站在钱塘江大桥上前后俯视南北两岸：百里山川，万里楼台。”

杭州的桥多，古来有之。《马可·波罗行纪》载：“杭州人谓城中有大小桥梁一万两千座，然于大渠面正对大道之桥甚高，船舶航行其下，可以不必下桅，而车马可往行桥上，盖其坡度适宜也。”

老底子杭州民间修桥铺路习俗，是世代人民利用、改造自然环境的结果，也是民间传承的一种社会佳风。杭州是文明中外的水网地区，出门便是河，走路要靠桥。长虹卧波的桥梁是连接水陆交通的建筑物，也是空中的路。民间俗语有言：“无木无石不成桥，无桥不成路。”杭州修桥铺路历史悠久，早在远古时代，架于河流之上的树木和溪涧的垒石，便是原始的桥、梁。到了秦汉以后，建桥技艺逐渐达到了较高的水平。历代修建桥梁的经费和劳力，大多出自民众之中。民间集资的方式，一般由桥会牵头，有的从临近街坊和村庄居民中摊派，有钱的出钱，无钱的出力；有的是慈善团体以庙会祠产的部分收入，作修桥经费；有的是由富商大贾、当地出身的官吏解囊捐助；有的是佛门弟子修善积德，为民造桥；也有“敬神还愿”而随缘助乐，以及因损公德而罚款修桥者。对捐款筑桥功劳大的人，往往会在桥头上立一块石碑，记载建桥的经过及捐款人的姓名，以名存千古。也有将桥规刻于石，以便行人遵守。

民间自愿捐款修桥，历代相沿成俗。大运河南端的拱宸桥便是其中之一。相传，自元朝统一定都北京（大都）后，为了方便把江南物资运送至北京，朝廷截弯取直，开通了北起北京，南至杭州的京杭大运河，漕运于是被大大地发展。当时的武林门之北的北新关处，从北方航行过来的船只如繁星点点，非常之多，又因得在此缴费通关，伴随着越来越多的船只、行人在此停靠，原来荒芜空旷的地方人气越来越旺，原有的空间已很难再满足河岸两边人的交流、互通有无的需求。见此情景，便有人想发动民间力量在北新关的北面再造一座桥。于是当地商人夏木江连同举人祝华封经过一番波折后，在老百姓的帮助下集资建造了拱宸桥。又如杭州的宝善桥，在清乾隆年间（1736—1795年），是由皈依佛门的茅瀚捐款建造。

江南建桥的民间习俗，还表现在如何选择桥址、购置木石，以及开工和落成的礼仪方面。桥址的选择是一件大事，大多由风水先生测定桥址，因为民间认为河水急流会带走本地的财源、福泽，有损本地风水，因而要选择合适的水面地段，在河水之上“加锁”，以示封住财源不被流走。

从历史走来，杭州的能工巧匠建造了数量众多的桥梁，并留下了雅致而风趣的桥名，也反映了江南人爱桥、敬桥的风气。望仙桥、丰乐桥、众安桥、祥符桥、卧龙桥、龙翔桥、骆驼桥、狮虎桥、洗马桥、登云桥、黑桥、菜市桥、拱宸桥……至今仍存在人们的生活里。

二、水乡特色舟楫声

旧时，老底子杭州往来行走之间靠的主要是船。比较高级的称“航船”，专供私人雇佣。

大多数乘埠船，埠船是一种有固定停靠点和停靠时间的船，称“班船”或“帮船”。还有一种船，速度很快，被称为“快船”，也是以载客为主。有的船兼客运和货运。还有一种内河船，每天黄昏开船，次日黎明到埠，被称为“夜航船”。夜航船一般分上下两层，上层载客、下层装货。每客给一席之地以供夜眠。船上夏日供应茶扇，冬天出租被褥。夜航船，一是平稳，由船老大双橹并使，交错摇动，保持船体平稳；二是时间效率高，一夜醒来正好赶上目的地的早市。20世纪90年代以前，从杭州到苏州还有这种夜航船。

这些生活用船除了载客以外，还有不少是用来运送货物的。这些货船有大中小三大类，大型的装运砖头、石料，中型的装运大米、食盐，小型的装运蔬菜、水果等，各码头都有行家、货栈接待货船和客商。

老底子杭州比较引人注目的还是西湖游船。早在南宋，西湖里的船称为“龙船”或“画舫”，以精巧闻名。大者长二十余丈，可容一百人；中者长十余丈，可容三五十人；小者数丈，可容二三人。船上雕栏画栋，极为雅致，不少船取名优美，有“百花”“十样锦”“七宝”等。船上设备齐全，可设宴饮酒，吟诗作画，所用器具“不必带往，但指挥船主一一周备”。更有豪家富宅，自造船只在湖中游嬉。贵官内侍，又大制采莲船，装饰尤其精致。南宋末期的宰相贾似道，在西湖置有车船，《梦粱录》中这样记载：“船棚上无人掌驾，但用车轮脚踏而行，其速如飞。”元代的西湖船，多漆红漆，至清代湖船分为大小四等，头号船为“水月楼”，船内可容四席，长约十七米，宽约三米，头尾皆方；二号船称“云舫”“鹤舫”，略微小些；三号船为“雀舫”；四号船曰“四不像”。船以大为贵，据记载，清代乾隆皇帝到杭州时，地方官员为他专制“花园船”，由香楠木制成，以棕毛为亭，船中植松竹，两旁为竹编的樊篱。乘西湖游船的不仅有公子王孙、商贾大家，就连杭州达官贵人的妻小也常乘坐，乘船人经常在舟中设宴，为此游船之后常跟有大食船。

尽管内河航行不像海上那么危险，但是长年累月以船为生的船家还是十分注意行船的安全。一般在开船前“顺丰大吉”是最好的祝辞。船家终年供奉船神菩萨，烧香祈祷，船前檐常挂有红绿蓝等各色彩条练，一则为辟邪，二则为色彩缤纷，以示吉利。此种习惯对行船也很有利。行船中色彩缤纷的彩条自然而然地成为一种醒目的标识，以免撞船。在遇到搁浅时，即烧香纸，在遇到土地庙时即点烛烧香，以求上苍保佑。行船靠埠头时，也有一些习惯。在船碰到埠头后，要退一退，然后再上前停靠。实际上靠埠头后退一步是比较安全的，因为河埠头常有人洗衣淘米，以免撞上，至今，仍有老人笃信此规。行船之中对乘船人也做了一些规定，比如客人不许在船头小便，违者罚放鞭炮，以除晦气。吃饭时不许打翻饭碗，也不许吃鱼时翻鱼，用筷时不许搁在碗上以避翻船、搁浅等不吉利的联想。

注 释

①周峰等主编：《南宋京城杭州》，浙江人民出版社，1988，第257—258页。

②参见赵大川：《杭州老字号系列丛书·茶叶篇》，浙江大学出版社，2008。

③周峰等主编：《元明清名城杭州》，浙江人民出版社，1990，第192—203页。

第四章　人生礼仪

人的一生，从呱呱坠地到寿终正寝，要经历好几个重要的时刻，按照传统习俗，这些人生的重要时刻都应举行一定的仪式，袪灾祈福，共同构成了人生礼仪。

一、婚嫁

民间历来把婚丧称为“红白喜事”，杭州自古尚红，婚礼中用红色点缀喜庆欢乐；白色则是杭州传统丧服的颜色，表示悲哀。丧礼称“白喜事”，是为了避讳，讨彩头。婚姻是伴随着人类社会的产生而来的一种普遍社会现象。婚礼嫁娶是人生重要的礼仪。古代婚姻讲究“六礼”，即纳采、问名、纳吉、纳征、请期、亲迎。

男女婚嫁，老底子杭州人凭“父母之命，媒妁之言”，这也是中国的传统。男女两家经媒人说合有诚意后，则由男家正式求亲。求亲须写草帖，帖中写某人之子某，年几岁，住某某地方，字数必须成双，由媒人送至女家，谓之“出地脚”，即古人纳采、问名之意。女家如有允意，接帖后亦另写草帖（即草八字），交媒人转送男家求卜。男女家如皆允，然后男家择日缔姻，即所谓“缠红”。男家先备小礼四副，请媒人送两副至女家。所谓“小礼”，即男女订婚的证书。帖子首幅右角写主婚者名，名后书“恭庄顿首拜”（大顿小首长脚拜），字数须成双。一帖之中，粘以泥金签条，上书“恭求台允”四字。女家小礼如男家格式，金签上写“谨遵台命”。小礼行毕，男女两家婚姻即告成。是日，两家皆挂灯结彩，分别供和合二神。和合二神，一名寒山，一名拾得，南宋时，民间称万回哥哥，蓬头笑面，身披彩衣，左手擎鼓，右手执棒。祀之可使万里之外的人回

武林问渡

武林問渡
錢塘客碧軒吳理人畫於中國京杭大運河博物館丁酉年穀雨

圣堂樵歌

家，故名“万回”。后好事者用之喜事，又增置一神，凑成双数以求吉利。

下盒即所谓“行聘”。择吉下盒之前，先由媒人讨新娘裙袄尺寸，如领口、腰身、出手若干，长短若干，开具清单，送至男家以备制衣合式。男家再备鸾书凤目并小礼，仍由媒人送至女家。鸾书凤目为明代之俗所延，鸾书写法：于贴右先写“右启”二字；中间金签，书“大德望即荣封某翁老亲台老先生老大人阁下”，其后书“优承尊慈，不弃儒素，鼎重冰言，允以仆之某某配令某为室”，以下用四六骈句数语；尾书“惟冀亲慈，俯赐涵鉴不宣”。末幅书“年月日某再拜启”。凤目写法：先写“吉开”二字，后将行聘之物一一开载，后幅加用金签。男家写“纳采加笄之敬”，女家写“旋吉之敬”。

发奁即送嫁妆，有全铺房一封书，言无所不有，但此种不常有。有二十箱四橱、八箱两橱、六箱一橱、四箱一桌一橱（俗称“小六箱”），四箱一桌。奁具名目繁多，丰俭因女家贫富而异，唯子孙桶必不可少。但不论女家妆奁如何丰富，唯眠床必须男家自备，不能赠嫁。结婚前一两日发奁，由媒人押奁去男家，搀扶、伴房也随奁前往。由新郎接奁，主婚人备席款待，搀扶仍回娘家，伴房留守新房。

结婚前一日晚，新娘盛装参拜家堂，辞别祖先。女家备别亲酒宴，新娘坐首座。正日花轿到门，鼓手三吹三打，新娘吃和合饭毕，然后装扮，吹打上冠，戴并对莲，兜红巾。掌灯者二人，持筛者二人，引出上轿，兄弟等送亲者随轿而行。其时，男家新郎亦吃和合饭毕，衣冠端整，对坐于新房床前。花轿到门，赞礼者高唱：“熨轿启廉，主人接宝，新人降舆，新郎登堂。”主人行香一跪三叩首礼后暂退。新郎新娘行香三跪九叩首大礼，礼毕将神马撒至天井中焚化。新郎新娘行百年夫妇礼，相对八拜。新郎在前，新娘在后，踏着麻袋进新房，称为“传代归阁”。房中有人掷瓜子、花生等喜果儿。新人进房后，还有坐床、撒帐、吃交杯酒等礼节。床前宴毕，请公婆行卸冠礼。仪式完成后，新郎内外均摆席，外请媒人宾客，内请新娘。搀扶将子孙桶内的喜蛋、喜果送与本家太太，名曰“送子”。次日，男家派人往女家谢亲，女家一早送糕粽二盘，糖汤一壶到男家，名曰“送点心”。婚后三朝，新郎新娘一同回娘家，拜见岳父母。

二、生育

关于杭城育子之俗，《梦粱录》有详细记载。早在结婚之时，就有种种养儿育女的口彩与

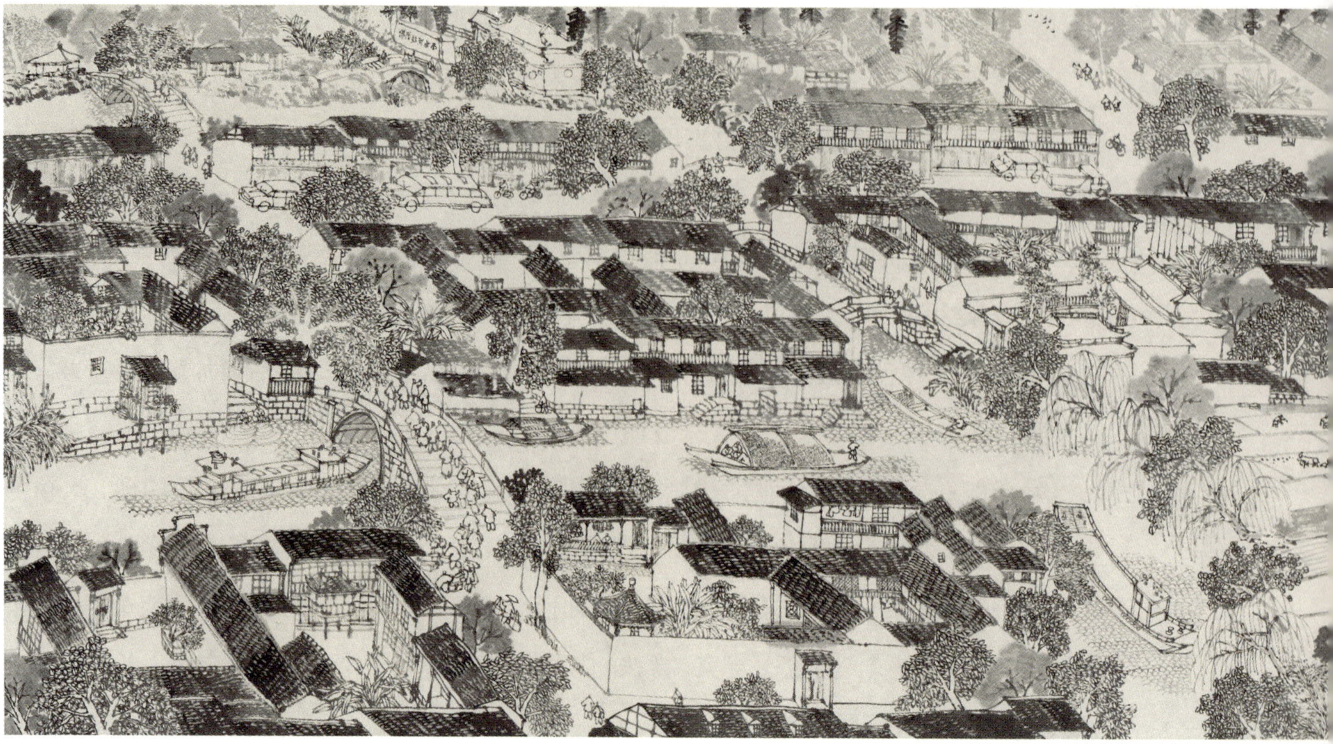

德胜远眺

祝福。老底子杭州人结婚时，要在新房撒喜果儿，即撒枣子、栗子、桂圆、莲子，预祝新娘早（枣）立（栗）贵（桂圆）子（莲子）；有的撒红枣、花生，预祝新娘早早（枣）花生（三男二女隔开生）；有的分花生、红蛋，预祝新娘开花（花生）结果（红蛋）。结婚十个月，便生男孩，俗称“元宝红”，此子称为“花烛子”，全家老小喜庆，亲朋好友祝贺。婚后三年不育，婆媳就要到天竺、灵隐向观音烧香求生。若是长期不育，做媳妇的脸上则无光了。

妇女怀孕，俗称“有喜”。这期间有许多祖辈相传的禁忌和习俗，如孕妇禁食生姜，以防生下子女有六指；禁吃兔子，以免兔唇；忌食鸭子，认为吃了鸭子，小孩要摇头；忌食腥辣，认为会使婴儿胎垢多。临产前忌食桂圆等补食，认为吃了分娩难。孕妇不准进新房看新娘，认为孕妇是“双人身”“四眼相”，看了新房，新娘日后不是克夫守寡，就是丧子绝后；不能看死人，否则婴儿要生软骨病；不能看蛇，说是看了蛇，婴儿要伸舌头；等等。孕妇有很多避讳，不能伸手取高处物件；不能登高、跳跃；不能跨越绳索，认为绳索像胎儿脐带，跨后要脐带缠身难产；不能满屁股坐板凳，否则胎位后坠形成难产；不能抱别人的孩子，说是抱过的孩子要生病，俗称“替胎”；等等。

孕妇产期将至，其娘家父母到婿家送催生礼。清末民初，娘家送喜蛋、桂圆及襁褓，于当月的朔日，派人送往男家，并携笙一具，吹之而进，以表催生之意。也有用红漆筷十双，或用竹筷以洋红染之，一并送往，取“快生快养”之意。得子后，要将喜蛋、酒果等送到孩子外婆家报喜。喜蛋之数，男则成单，女则成双。外婆家随即备双倍喜蛋、衣裙等送来。生子之家，即将此喜蛋分送亲友，仍以男单女双之数分。亲友则报以火腿、白鲞、核桃、桂圆、红糖、索面之类，称为“汤盆儿”。

婴儿出生三天后，称“三朝”。古时杭州对三朝十分重视。南宋时，三朝这天要行“落脐炙囟”的礼仪，以表示脱离孕期残余，正式进入婴儿期。以后七日叫作“一腊”，十四日叫作“二腊”，二十一日叫“三腊”，逢“腊”外婆家给亲朋送膳食，如猪腰、肚、蹄、脚之物。清末民初，三朝要烧太均纸。传说，太均娘娘为宋代真州兵马都监陆圭之女，吴山有庙，叫作“太均送子殿”。三朝洗儿，浴盆中须放喜蛋及金银饰物等。洗毕要取蛋在婴儿额角抹擦一遍，说是可免生疮，用金银饰，说是可以镇惊。洗过之后，以父之鞋一只、碎缸片一块、肉骨一根，与婴儿合称，叫作“上称”，希望孩儿长大后有刚（缸）骨，继承父志。三朝这天，还须以红带将婴儿双手系之，说是将来孩子必能安静，不致胡为。现在，以上习俗均废。三朝这天，开奶

卖鱼桥风情

前，先吃黄连，有说黄连可以清火解毒，也含祝愿孩子“先苦后甜”之意。

婴儿出生一个月，称“满月”，须办满月酒，亲友送礼，大概为帽一顶，上缀银饰，如寿星、兽头或者金玉满堂、长命富贵等字样，亦有送粉制糕团者。是日，婴儿须剃头，令他人抱之，父母不得在侧。剃下之发不得轻弃，须搓成团，用红绿花线穿之，挂于堂屋高处，谓如此则将来此儿有胆量。剃毕之后，穿红着绿，令人抱之走街上，兜一喜神圈，一人持雨伞避之。且须过一桥，谓如此则将来胆大。婴儿满月亦办满月酒，宴请送礼亲友，还流行拍“满月照”。在农村，给婴儿剃头，脑后要留一撮头发，叫“百岁毛”。

生满百日，谓之“百禄”。杭音“禄”读作“罗”，叫作“百罗儿”。旧俗，须斋王母寿星。用神马一对，供以素菜十碗及茶与面。周岁有抓周试晬的习俗。

三、寿诞

杭俗，五十岁以下的诞生礼称为“做生日”，五十岁以上的诞生礼称为“做寿”。“有钱不做三十，无钱要做四十”，意思是三十岁以下，不必做生日，旧时结婚较早，四十岁已子孙满堂，即使无钱，也要做生日。也有说法认为十九岁、三十六岁、六十六岁，是人一生中三大难关，到四十岁时已过三十六岁这难关，应该做生日庆贺。

杭俗还有“男不做十，女不做九”的说法，因方言中“十”与“贼”发音相同，不吉利，有意避讳。若父母同庚而合做寿，俗称“双庆”。做寿前，或自出请帖邀客，或由子孙出面做寿请客，或不出帖，亲友知之而群来祝寿。民间做寿，大部分在家中。清代寿礼排场大，大厅当中铺设寿堂，上供王母寿星，面蔬斋供，亲友所送糕桃烛面鞋袜亦在摆供之列；下设烛台，燃点寿烛，挂灯结彩；两旁壁柱，张挂大红轴对。当时的寿礼仪式：当中设拜垫一块，来客在此拜祝。右首亦设拜垫，若有几个儿孙，当设拜垫几块。客拜，子孙答拜；女客则由媳妇、孙女回拜；拜毕，又谢一次。别室花厅等处，摆设面碟，邀请吃面，名曰“走马面”。也有在天竺、灵隐等寺院里做寿的，大都为富裕人家，到寺庙拜忏做功德。在斋堂设寿堂，亲友照常送礼，吃的为素筵。所拜之忏，大都为药师忏，兼点药师灯，药师灯就是做丧事用的树灯。也有兼念受生经，以为女人做寿居多。民间还认为人活到六十六岁，是第三难关，要吃六十六块肉。六十六寿辰前一日，必须由女儿（若无女儿，则由侄女）烧六十八块肉，系用精猪肉，切成

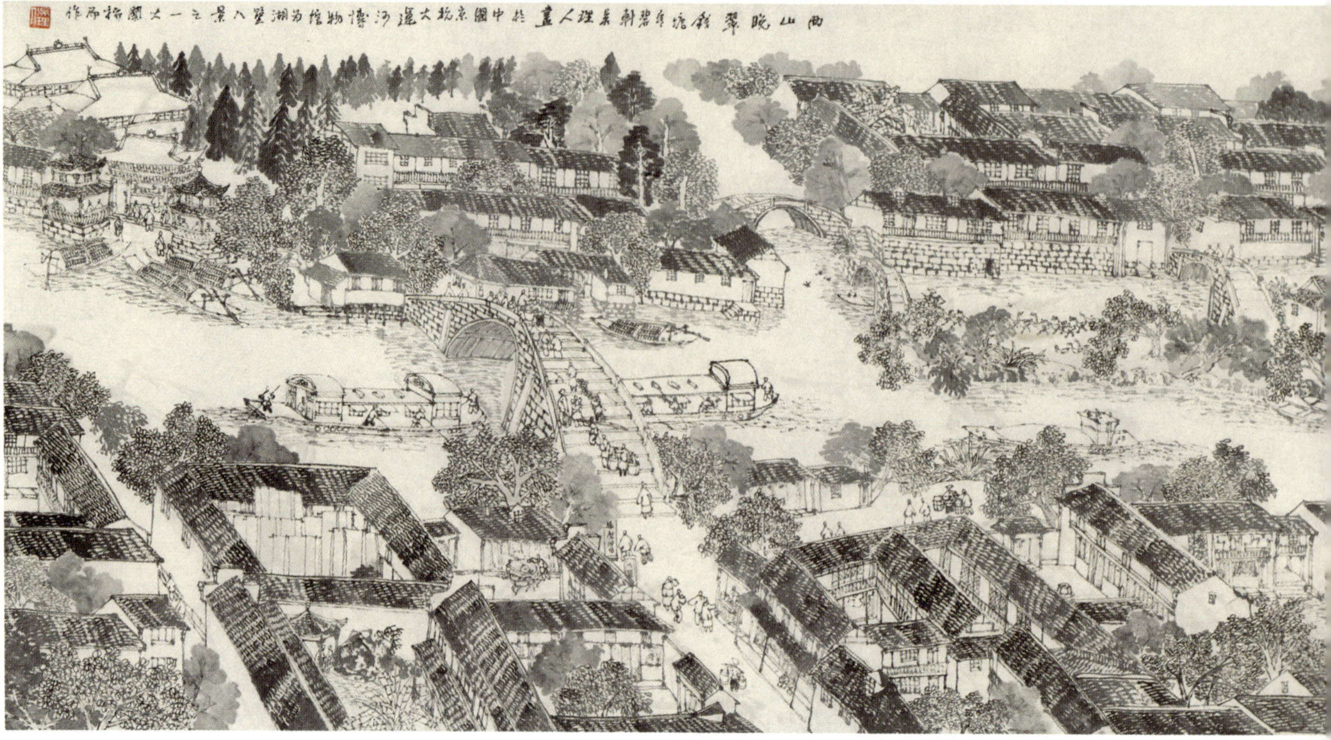

西山晚翠

丁块，用酱油蒸熟。寿辰之日，敬天一块，敬地一块，其余六十六块送给父或母吃，认为吃了可以长寿，此俗至今还存在。

老底子杭州人还风行做阴寿，即为死者做寿，礼仪如寿礼，送糕桃烛面者，须家纸元宝十副，送糖茶两杯，唯不送鞋袜。送红轴者，写“仙乡不老，佛国长春”等字样，也有仅用一“庆”字者。在寺院举办阴寿者，必拜忏，或一日，或三日，或七日不等。

四、丧葬

旧时，长辈逝世，先请阴阳生选择入殓的时辰，称为“山人批书”。然后派人四出，到亲戚家报丧，亲戚家听到噩耗，要摔碗一只，以驱邪避秽。对外地亲戚要寄“焦头信”，即信封上烧只角，以表示这是报丧信。

死者家中，先布置灵堂，以白布遮厅上字画，中间高挂黑色大字“奠”。然后将死者房中床帐被褥尽行拆去。以白绫遮盖身体，以瓦作枕，脚后点油灯一盏，称为“照路灯”，并向寺院庵堂借磬一口，不时敲击，说是催死者上路。

入殓分小殓、大殓。小殓前，先在棺木中置应用衾枕被褥以及穿着衣服。若死者是做官的，男则朝衣朝帽，女则凤冠圆领等。用条箱架装载，以千金带捆好，另挂秤一支，由披麻戴孝的孝子护送，在街巷兜一圈，必须过座桥，再到河头巷井取水一桶，烧银锭一串，称为“买水称布”。取水回家后，将水烧热，以竹筛过于盆中，将尸体沐浴。浴后，穿上殓衫殓裤，并将丝绵自肩至足紧紧扎缚，称为“殓棉”。于是，孝子捧头，众人护卫，用棺材盖上。城市人常在死者脸上盖方手帕，称为“盖脸布”。若死者因生前患肺病等传染病而死，脸上须裹以丝绵，以防病毒传播。戴新帽，穿上新袜新鞋，上被下褥，脚套米斗一个，认为尸体旁有十二生肖走过，要僵尸挺立，套上米斗，尸体便站不起来。请僧人在旁一边敲磬，一边念经，称“念材头经”。灵堂上，白烛高燃，香烟缭绕。两旁挂满亲朋好友送来的奠轴、挽联以及银锭等。女婿女儿及孙女婿、干女儿等，须送树灯一架。这种树灯，是向寺院租的，高一丈余，上有宝盖，下有座，朱红油漆，彩画装金。中柱分七层，每层点琉璃灯七盏，共计四十九盏灯。因其形状像树，俗称“树灯”。送树灯者多，则象征死者家里人丁兴旺。大殓一般都在夜间，至亲好友必须送长辈入殓。入殓时，阴阳生烧太岁纸，亲友均痛哭跪于棺材前，孝子捧头或脚。棺内先

拱宸怀古

用石灰、草纸垫底，尸体上盖衾褥，旁置招魂袋，袋内放无芝麻的烧饼一个。然后，吹鼓升炮，亲友排列，见最后一面送别。

死后三日，有接煞的仪规。请道士铺坛念经，死者衣服，披在椅上，堂中设祭。人死后，每七日须设祭，请僧人道士诵经。“五七”前一日晚，门口设望乡台。“七七”或称“断七”，放焰口举行追荐。死后百日，须请僧侣做功德，称“百日周祥”。

出殡前一日为“开吊”。灵前设供神亭，铺设披帏，悬挂素灯，门外搭丧亭、鼓亭。有官职者，可用仪仗半副，诰命亭一座。凡客人到来，均敲鼓三下，客人吊丧，孝子陪拜。开吊日通宵不眠，唱堂名、微调，称为“闹材”。至五更，男女眷属及亲戚小辈均向灵前跪拜敬酒，天明，神亭、鼓亭排列街上，然后“请材”，孝子在街上跪接，孝媳及女眷均坐白布顶帏轿子，开始出殡（杭州人称为“出丧”）。出殡后，撤灵堂，焚化招幡、挽联。孝子用指血或朱砂将神主牌位的“主”字点红，请入家庙供奉。出殡后并不下葬，须在山庄停放一年或三年。在外乡的人须扶灵柩还乡。清时，灵柩之所，清波门外有叠翠山庄，钱塘门外有迎晖山庄。民国时期，公家在凤山门设南山会馆，专门停放灵柩。由“坟亲”择地开穴，上搭穴蔽，将灵柩由山庄扶送到葬地，先埋宝瓶，然后亲族跪送灵柩入穴，复以泥土，做坟等事均由坟亲承包。

卖鱼桥风情（局部）

第五章 岁时节令

杭州风俗的演变随时代的变化而变化，更与城市的发展密不可分。先秦时期为吴越古俗，略与楚同。秦置钱唐县后，历两汉三国，吴越固有文化与中原文化融合。六朝至隋唐五代，佛教盛行，释道二教对杭地礼俗影响极大。隋置杭州，经唐与五代，特别是钱氏九十多年的治理，至北宋，杭州已发展成为“东南第一州”。

宋室南迁，建都杭州以后，四方人士云集京城，人口激增，不仅促进了杭州的经济发展，商业繁荣，也极大地影响了当地的风俗习惯。杭城风俗，“效学汴京气象”，逢年过节尤甚，南宋周密《武林旧事》记载：“至（除夕）夜……如饮屠苏、百事吉、胶牙饧，烧术卖懵等事，率多东都（借指北宋）之遗风焉。”

南宋故都节序风俗，有相当部分属朝廷典礼，也有不少民俗节令、社日神会。《宋史·地理志》，叙两浙路“人性柔慧，尚浮屠之教”。杭州“唐以前为三百六十寺，及钱氏立国，宋室南渡，增为四百八十，海内都会，未有加于此者”。明代田汝成《西湖游览志馀》卷十四《方外玄踪》载：“三月二十八日东岳生辰，五大行宫奉其香火。四月八日为佛诞日，诸寺院各有浴佛会，六和塔寺建朝塔会，西湖作放生会。六月六日崔真君诞辰，祭祀传说中泥马渡康王的崔府君。中元节杭州人有接祖之举，盖因南宋杭州人多半由汴京南渡而来，祖宗坟茔在北，无从设祭，遂有是事，相沿成习，为他郡所无。”故杭谚云：“七月十二接祖宗，西瓜老藕瞎莲蓬。”①

元明清三代，是我国封建社会的后期。为了巩固大一统的封建帝国，统治者极力宣扬封建纲常和礼法，民间礼俗带有浓厚的封建色彩。而此时杭州的风俗已趋定型，岁时节令，均有定规。

明代的社会风气，初期尚好，至嘉靖末年每况愈下，贫富两极分化，时弊流多，诈伪讦争，屡见不鲜，奢华成风，社会风气日益腐败。陈禹谟在《万历钱塘志》序中说："观知东南之士风民力，有盛衰之感。"外地人嘲杭州人"杭儿风"，明代称之为"杭州风"，田汝成《西湖游览志馀》卷二十五《委巷丛谈》载，盖因："杭俗浮诞，轻誉而苟毁，道听途说，无复裁量。故谚云：'杭州风，会撮空，好和歹，立一宗。'又云：'杭州风，一把葱，花簇簇，里头空。'"

清代的封建统治和政治生活对民俗影响很大。清初，康熙曾颁布圣谕广训，有敦孝悌、笃宗族、和乡党、重农桑、尚节俭、隆学校、黜异端、讲法律、明礼让、务本业、训子弟、息诬告、戒窝逃、完钱粮、联保甲、解仇忿等十六条，皆与风俗有关。乾隆中叶以后，颓风历述，浮靡日甚。清同治年间（1861—1874年），杭州人范祖述著《杭俗遗风》，"续《梦粱》之录，追想繁华"，记述犹详，街谈巷语，童谣夏语，无不包罗。

元清两代，因少数民族统治，所以杭州风俗也渗透融合了少数民族的一些风俗习惯。元代蒙古民族盛行火葬，也促成了杭州"死则火葬"的习俗。马可·波罗曾做了比较详细的记载："死者的亲友必须戴孝，伴送死者到指定的殡葬地点。送葬队伍中有鼓乐队，一路上吹吹打打，僧侣一类的人高声念诵经文，到达葬地后，就把许多纸扎的男女仆人、马、骆驼，金线织成的绸缎及金银货币投入火中……"清代统治者给杭州风俗带来了很大的影响，尤其是服饰，妇女穿旗袍，男人穿长袍马褂，戴红缨瓜帽。时人陈元靓《岁时广记》卷十七载有杭谚："正月正，麻雀飞过看龙灯；二月二，煮糕炒豆儿；三月三，荠菜花儿上灶山；四月四，杀只鸡儿请灶司；五月五，糖糕粽子过端午；六月六，猫儿狗儿同沐浴；七月七，乞巧果子随你吃；八月八，大潮发，小潮发，圣地菩萨披头发；九月九，打抛老菱好过酒；十月十，蚊子脚儿等立直。"

至明清，杭州岁时风俗已相当完备，自元旦至除夕，重要岁时节令均有民俗活动，四时节物也各有特色，《杭俗遗风》"四时点"载："新年吃年糕，上灯夜吃灯圆儿，十五吃元宵，落灯吃年糕，清明吃青白汤团，立夏吃乌饭糕、夏饼，端午吃粽子，六月廿三吃麦饭，中元吃馄饨、石花，中秋吃月饼，重阳吃栗糕，十月朝、冬至、新年下均吃年糕。"

一、春节

俗话说"百节年为首"。在所有的节日中，春节是中华民族最隆重的节日，杭州人的春节与全国各地大同小异，但也呈现出极具地方特色的习俗惯制。每逢春节，从城里到乡下，到处充满着节日欢庆的气息，使得杭州的春节充满浓浓的乡情。

春节原叫“元旦”。“元”意为始，“旦”意为晨。元旦就是一年中的第一个早晨。“元旦”之称，始于殷商时期。汉武帝时创《太初历》确定以夏历的正月为岁首，正月初一为新年。从此之后，一直沿用了两千多年，直到辛亥革命后，改用公历，并定公历1月1日为元旦，改农历正月初一为春节。

春节，狭义而言，特指农历正月初一；广义而言，则指正月初一至正月十五日，在此期间，人们几乎天天都有欢庆活动。

旧时，老底子杭州人过年一般从腊月廿四算起，这一天被称为“小年夜”或者“交年”。小年夜，家家户户都要在大门上贴上春联、门神。小年夜晚上要举办“送灶神”和“掸尘”的仪式。新年晨起，开门放“开门爆竹”，大门上贴“开门大吉”红条。用茶、酒祭祀神明曰接天地，拜家堂，拜灶司，拜祖先神像，吃元宝汤，出门兜喜方神，赴各庙及城隍山烧香。

二、元宵节

杭州元宵之盛，自唐已有。大诗人白居易有“灯火家家市，笙歌处处楼”的诗句。苏东坡的《蝶恋花》：“灯火钱塘三五夜。明月如霜，照见人如画。帐第吹笙香吐麝，更无一点尘随马。”则描写了杭州元宵夜灯火辉煌，明月高挂，笙乐不绝，游人如织的情景。

南宋建都杭州以后，元宵灯会的规模更盛以前，宋宁宗庆元年间（1195—1200年），《西湖老人繁盛录》记载：“巷陌爪札，欢门挂灯，南至龙山，北至北新桥，四十里灯光不绝。城内外有百万人家，前街后巷，僻巷亦然，挂灯或用玉栅，或用罗帛，或纸灯，或装故事，你我相赛。州府札山棚三狱放灯，公厅设醮，亲王府第、中贵宅院，奇巧异样细灯，教人睹看。”

由于当时丝绸业、造纸业、印刷业的发达繁荣，南宋灯彩盛行，品种繁多，制作精巧，品目难以枚举：动物灯、人物灯、果品灯、五色琉璃泡灯等千百种。用料有绢丝、罗帛、羊皮、彩珠、明角……以苏州、福州所进过来的灯笼为最佳，后来新安所进的“无骨灯”也精妙绝伦。

寿安坊而下至众安桥，谓之“灯市”，天街茶肆罗列灯球等出售。自旧岁冬至起，遂有舞队，如傀儡、杵歌、竹马即马儿灯、踏跷、旱划船等，不下数十，不时上街戏耍。到十五夜，“京尹乘小提轿，诸舞队次第簇拥前后，连亘十余里，锦绣填委，箫鼓振作，耳目不暇给”。

相传，宋以前灯节只有三日，吴越王钱俶纳土归宋后延长两日。元宵节，妇人衣多尚白，与月色相掩映。节食所尚，“京人以绿豆粉为科斗羹，煮糯为丸，糖为曜谓之园子”。后杭州人遂有十三夜食小粉团之习，谓之“灯园”，俗有“上灯园子落灯糕”之谚。

至明清元宵灯俗趋简朴。杭州人至正月末悬祖宗画像、尊亲遗像于堂中，名曰陈姿（即神子），落灯夜收神子。故而，新媳妇在正月十六返娘家，过年到此终结。清代时，正月十九或二十，官府正式开印视事，先生到馆，学子攻书，工人返肆，农商各执其业，谓之“收魂”。

杭俗春初竞放灯鹞，清明后乃止。谚云：“正月鹞，二月鹞，三月放个断线鹞。”

三、清明节

杭州人以清明节为鬼节，家家祀祖。清明节前一日家家折杨柳枝，插在瓦檐或门户上，名曰“明眼”。

相传春秋时期，晋公子重耳为逃避迫害而流亡国外，流亡途中，遇一荒无人烟处时，又累又饿，再也无力行走。为了让重耳活命，随从大臣介子推来到山沟里，把腿上的肉割了一块，与采摘来的野菜同煮成汤给重耳吃。当重耳吃后才知道是介子推腿上的肉，重耳大受感动，声称有朝一日做了君王，要好好报答介子推。

十九年的逃亡生涯结束后，重耳由逃亡者变成了历史上著名的“春秋五霸”之一的晋文公。然而，介子推没有像壶叔（一名陶叔狐）那样，主动请赏，而是说，晋文公返国，实为天意。介子推认为忠君的行为发乎自然，没必要得到奖赏，并以接受奖赏为耻辱，于是携老母隐居绵山，成了一名不食君禄的隐士。

介子推不肯受赏，并赋诗一首：“有龙于飞，周遍天下。五蛇从之，为之丞辅。龙反其乡，得其处所。四蛇从之，得其露雨。一蛇羞之，死于中野。”此诗被邻居解张得知，他便写了封书信夜里挂到城门上，为介子推鸣不平。

次日，晋文公看到这首诗后，后悔自己的忘恩负义，赶紧派人召介子推受封，这时才知道介子推已隐入绵山。晋文公便亲率人马前往绵山寻访，谁知那绵山蜿蜒数十里，重峦叠嶂，谷深林密，竟无法寻找。晋文公求人心切，情急之下听信小人谗言，下令从三面烧山。没料到大火烧了三天，连介子推的影子也没见到。

后来有人在一棵枯柳树下发现了介子推母子的尸骨，晋文公悲痛万分，在介子推的尸体前哭拜一阵，然后令人安葬遗体。这时有人发现介子推脊梁处堵着个树洞，洞里好像有什么东西。掏出来一看，原来是片衣襟，上面题了一首血诗："割肉奉君尽丹心，但愿主公常清明。柳下作鬼终不见，强似伴君作谏臣。倘若主公心有我，忆我之时常自省。臣在九泉心无愧，勤政清明复清明。"晋文公甚为悲痛，为纪念介子推，便下令将这一天定为寒食节。

次年，晋文公率众臣登山祭奠，发现老柳树枯木逢春，死而复活，绿枝千条，随风飘舞。晋文公望着复活的老柳树，就像看见了介子推一样，泪流满面。他敬重地走到老柳树跟前，轻轻地折下一枝柳条，编了一个圈儿戴在头上，赐老柳树为"清明柳"，并晓谕天下，把寒食节的后一天定为清明节。

次日插柳招魂，沿袭至今，遂成习俗。杭城妇女则将柳枝插在鬓发，小伢儿则作一圆箍形，戴在头上。杭谚云："清明不戴柳，红颜成皓首。"清明还有吃螺蛳的习俗，并撒螺蛳壳于瓦上，据说可以驱虫。吃清白汤团，有用清粉制成狗形，谓之"清明狗儿"，还可储藏至立夏，煮给小伢儿吃，说是可防疰夏。

清明节扫墓也是一大习俗，杭州人扫墓，不必一定在清明，但是不能过了立夏，也借省坟踏青游春。清明日还有迎城隍老爷之俗，明初，钱塘门外设有厉坛，祭祀无主孤魂；清代尚有城墙上看鞑儿奶奶（代指旗人妇女）之说。

四、端午节

每年农历五月初五为端午节，是中国四大传统节日之一。据《荆楚岁时记》记载，因仲夏登高，顺阳在上，五月是仲夏，它的第一个午日正是登高顺阳之日，故五月初五也称"端阳节"；端午节还有"正阳节""龙日节""午日节""五月节""龙舟节""浴兰节""天中节"等叫法。端午节主要有吃粽子与赛龙舟的习俗。相传起于楚国爱国诗人屈原投汨罗江，楚人为纪念其伟大情操用角黍（粽子）投江祭祀。

宋代端午节的习俗，据《梦粱录》记载：杭都风俗，自初一日至端午日，家家买桃、柳、葵、榴、蒲叶、伏道，又并市茭、粽、时果、五色水团、五色瘟纸，当门供养。端午粽子名品甚多，形制不一，有角粽、锥粽、茭粽、筒粽、秤锤粽，还有九子粽。据《西湖老人繁胜录》载："天下惟有是都城将粽揍成楼阁、亭子、车儿诸般巧样，开铺货卖，多作劝酒，名为巧粽。"

杭州人称农历五月为五黄月，除雄黄之外，吃黄鱼、黄瓜、咸鸭蛋蛋黄以及黄豆板裹的粽子，合称"五黄"。端午日，把雄黄加在烧酒内调和，或削菖蒲根加入，谓之"雄黄酒"，人人各饮少许。又口含雄黄酒喷在房屋壁角等阴暗处，或蘸而洒之，说是可以驱毒虫。又蘸其酒，在儿童的额上写一"王"字，小儿系虎头，五色香囊（贮雄黄）以避邪。又以菖蒲制作剑形，与艾蒿同时插在门户上，说是可以杀鬼。有古籍记载："采百草以制药品，觅蛤蟆以取蟾酥，书'仪方'二字倒贴于门楹，以辟蛇虺。"

端午节处在梅雨期前后，潮湿蒸郁，百物生霉，老底子杭州人有打蚊烟的卫生习俗。以仓术、白芷及各种燥裂之物，杂而焚之，紧闭窗户，使其烟弥漫室内以驱霉。又以雄黄一块，用丝绵包裹，投入井水中，传说可以祛水中之毒。是日，以红绿线制成图形，盘老虎、蛇、蝎、蜘蛛、蜈蚣等在其上，系于小儿之臂，称"五毒索儿"。又用小扇，画虎、蛇等五物，名为五毒扇，取以毒制毒之意。

老底子杭州还有龙舟竞渡，清代范祖述《杭俗遗风》载："（西湖龙舟竞渡，古时每年两次，一在二月初八，一在端午。）西湖有龙舟四五只，其船长约四五丈，头尾均高，彩画如龙形，中舱上下两层。首有龙头太子及秋千架，均以小孩装扮，太子立而不动，秋千上下推移。旁列十八般武艺，各式旗帜，门座各枪。中央高低五色彩伞，尾有蜈蚣旗。中舱下层敲打锣鼓，旁坐水手划船。若做胜会，大看船停泊湖中，龙舟四围圈转，鱼贯而行。……游船之中，或有打十番锣鼓者，亦有吹弹歌唱者。"清道光年间（1821—1850年），湖中竞渡，溺毙至数十人之多，官厅因而禁止，不准复行。那时端午城里东河中也有竞渡，从艮山水门来者，游人坐船敲打锣鼓，名曰"游短景儿"。

随着现代化城市的推进，很多老的风俗则移风易俗。近些年来，首届"运河龙庙会"于2011年在杭州市拱墅区运河文化广场启动，画家吴理人被邀请现场创作十米长卷《运河风景图》，中共浙江省委原副书记、浙江省文史研究馆馆长、画家梁平波先生为庙会题写会名。两人一起见证和记录了历史性的一刻。当天来自全国的16支专业龙舟队伍云集拱宸桥畔，再现了曾经百名竞渡英豪激战的场景。龙舟竞渡现已成为杭州市拱墅区运河上每年都要举办的有影响力的盛会。

五、七夕节

农历的七月初七为七夕节。相传这一天是天上的牛郎和织女在银河鹊桥相会的日子。民间传说，织女是一个美丽聪明、心灵手巧的仙女。凡间的妇人女子们在这天晚上陈瓜果于庭中以乞巧，乞求天上的织女能赋予她们聪慧的心灵和灵巧的双手，让自己的针织女红技法娴熟，更乞求爱情婚姻的姻缘巧配。

杭州人七夕节物有巧果，是用面粉和糖制成各种小型的物状，用油煎而成。晚上，佐以莲蓬、白藕、红菱等陈于庭院，妇人女子对月穿针，以祈织女赐以巧技。殷富人家果列七品作七巧会。又捕蜘蛛一只，置于盒中，第二天若蜘蛛在盒中结网，则为得巧之验。又取雨水和井水各一半，盛在碗内，放在露天过一夜，第二天水上结薄衣，投一极小的针浮其上，视其水底的倒影像杵，则为拙，若像剪刀，则为巧。

六、中秋节

中秋节，又称月夕、秋节、仲秋节、八月节、八月会、追月节、玩月节、拜月节、女儿节或团圆节，为农历的八月十五。中秋节始于唐朝初年，盛行于宋朝，至明清时，已成为与春节齐名的中国传统节日之一。

是日晚，杭州家家祀月，取“人月双圆”之意。祀品有月饼、方柿、石榴、栗子之类。祀月时在天井中搭台、设案，点一种叫斗香的彩灯。据《杭俗遗风》载：“其式四方，上大下小，纱绢糊之。上缀月宫、楼台、殿阁、走马灯景，四角挑灯，大者四围各宽二尺许。出售处以琵琶街为最多。”

明代田汝成《西湖游览志馀》卷二十五载：“是夕人家有赏月之燕（宴），或携榼湖船，沿游彻晓。苏堤之上，联袂踏歌，无异白日。平湖秋月、三潭印月、月岩是赏月三圣地。月岩处每到中秋，月光以岩孔穿出，幻化成一轮明月，天上地下，相应成双。”《西湖竹枝词》：“八月十五月团金，湖山高高湖水深。三潭月映三轮月，不及湖心一点心。”

农历八月十八日传说为潮神生日，自候潮门内至闸口，沿江十里，均可看潮。翟宗吉《看潮》有“出郭游人不待招，相逢都道看江潮”之句。清初江流改道，看潮者需到海宁。

七、重阳节

重阳节，又称“重九节”“晒秋节”“踏秋”，为农历的九月初九，是我国的传统节日之一。庆祝重阳节的一般风俗有出游赏秋、登高远眺、观赏菊花、遍插茱萸、吃重阳糕、饮菊花酒等。

而“重阳登高”则是最为重要的节日习俗。相传东汉时期有一位远近闻名的仙人，名叫费长房，他收了一位名叫桓景的徒弟。寒来暑往，不知不觉，桓景跟着师傅学艺已经有很多年了。突然有一天，费长房将桓景叫到身边，说：“九月初九你们家将有一场大灾难，如果你带着全家老少，人人用红色的囊袋装满茱萸，挂在手臂上，登高山饮菊花酒，就能够避祸消灾。”桓景遵照师命，带领全家来到山上。待到黄昏时分，回家一看，家里所有的家禽家畜全部死去。这时，桓景才明白师傅的话，此事很快流传开来，并且代代相传。故每逢九月初九，人们就去登高辟邪，相沿成俗，最终演化为重阳节。

宋时，杭州人以菊花、茱萸，浮于酒饮之，借此两物服之，以消阳九之厄。虽事固荒诞，但饮酒赏菊，遂成习俗。当时菊花品种已多达七八十种，有万龄菊、桃花菊、木香菊、喜容菊、金铃菊、金盏银台菊等。宋代吴自牧《梦粱录·九月》载：“次日都人店肆，以糖面蒸糕，上以猪羊肉鸭子为丝族饤，插小彩旗，名曰‘重阳糕’……以五色米粉塑成狮蛮，以小彩旗簇之，下以熟栗子肉杵为细末，入麝香蜜糖和之，捏为饼糕小段，或加五色弹儿，皆入韵果糖霜，名之‘狮蛮栗糕’。”重阳糕插彩旗之风，至今不改。《杭俗遗风》则记载了杭州人重阳登高的遗俗：“是日至城隍山、紫阳山登高，吃糖炒栗子、鸡豆，顺道游斗坛，第见人山人海而已。文昌、关帝、火德等庙均摆设灯谜，亦一雅集也。”此外，还有杭州人修灶必重阳，工资须加倍之俗。

八、除夕

除夕，又称大年夜、除夕夜、除夜、岁除等，是指农历腊月（十二月）的最后一个晚上。

是日，老底子杭州城家家挂遗像，祖宗遗像俗称“真纸”，择一室，按序列挂之。遗像多的，合数代之像缩摹为一幅，自上而下，称“代图”，亦称“三代容”“五代容”。又有绘图为祠堂形，而分书某考某妣之神位的；或绘世系图而张挂的，其式不一。晚间祭祀祖宗，祭品丰富，多有所取义，如猪大肠谓“常常顺利”；鱼圆、肉圆谓“团团圆圆”；鲞头煮肉，谓“有想头”；春饼裹肉丝，谓“银包金丝”；黄豆芽谓“如意菜”；落花生谓“长生果”；黄菱肉、藕、荸荠、红枣一起煮，谓“有富”。祭祖完毕，合家团聚欢饮，称“分岁”，这顿饭叫“合家欢”。若是外出未及时归来的，或是家庭主要人员亡故的，都要另置酒杯、调羹、碗筷一套，空一座位，应“合家不缺”之意。这天也要给猫狗好食，称“猫狗分岁”。

午夜接回灶神，取新购的灶司神马（其额曰“东厨司命真君”），置之灶中。又购一井泉童子神马，以三果一盘，三蔬一盘，及小烛台、小香炉合置于大盘中，放在地上祭祀。另供净茶一杯，焚送小元宝一副，随以红纸长条纵横粘于井栏上，名为“封井”。还有封门之举，即用红皮甘蔗两支，其长相等，各以红绿纸束上，插柏枝其上，祭门神马，祭毕，将门关闭上闩，以长红纸两条，各书“封门大吉”四字，相交斜贴门上，并以甘蔗倚于门上。未至天明，切忌开门。

是夕，家中小孩须向尊长跪拜，谓“辞岁”。尊长须给小孩钱，谓“压岁钱”。给儿媳银元，用红纸包封。小孩将压岁钱与红橘、荔枝放在枕边，次日醒后，取而食之，谓“开口吉利”，有通宵不睡者，谓“守岁”。

注　释

①周峰等主编：《南宋京城杭州》，浙江人民出版社，1988，第256—257页。

参考文献

1.司马迁:《史记》,中华书局,1956。

2.王士伦、赵振汉编写:《杭州史话》,浙江人民出版社,1979。

3.田汝成辑撰:《西湖游览志》,上海古籍出版社,1980。

4.范宁:《白居易》,中州书画社,1982。

5.叶光庭、吕以春:《西湖漫话》,天津人民出版社,1982。

6.钟毓龙:《说杭州》,浙江人民出版社,1983。

7.浙江民俗学会编:《浙江风俗简志》,浙江人民出版社,1986。

8.浙江民俗学会编:《浙江土特产简志》,浙江人民出版社,1987。

9.周峰等主编:《南宋京城杭州》,浙江人民出版社,1988。

10.周峰等主编:《吴越首府杭州及北宋东南第一州》,浙江人民出版社,1988。

11.范祖述:《杭俗遗风》,上海文艺出版社,1989。

12.倪士毅等:《隋唐名郡杭州》,浙江人民出版社,1990。

13.周峰等主编:《元明清名城杭州》,浙江人民出版社,1990。

14.陈敏杰、羊达之:《白居易》,江苏古籍出版社,1991。

15.刘克宗、孙仪主编:《江南风俗》,江苏人民出版社,1991。

16.申士垚、傅美琳编著:《中国风俗大辞典》,中国和平出版社,1991。

17.王晓东、洪尚之编著:《西湖山水》,浙江摄影出版社,1992。

18.周峰等主编:《南北朝前古杭州》,浙江人民出版社,1992。

19.周峰等主编:《民国时期杭州》,浙江人民出版社,1992。

20.徐清祥:《杭州往事》,新华出版社,1993。

21.杭州市园林文物管理局编:《西湖志》,上海古籍出版社,1995。

22.梅重、洪尚之、陈汉民:《西湖天下景》,浙江摄影出版社,1997。

23.田汝成辑撰:《西湖游览志馀》,上海古籍出版社,1998。

24.孙跃:《话说杭州人》,杭州出版社,2001。

25.郁达夫著,曾智中、尤德彦编:《郁达夫说杭州》,四川文艺出版社,2001。

26.浙江省文史研究馆编:《街路里巷古今谈》,中央文献出版社,2002。

27.钟敬文:《钟敬文文集·民俗学卷》,安徽教育出版社,2002。

28.盛成皿、崔凤军主编:《爱情之都——杭州》,中国旅游出版社,2003。

29.鲍士杰:《说说杭州话》,杭州出版社,2005。

30.林华东:《浙江通史·史前卷》,浙江人民出版社,2005。

31.王志邦:《浙江通史·秦汉六朝卷》,浙江人民出版社,2005。

32.杭州市上城区政协文史资料委员会、杭州市吴山地区开发建设指挥部编:《吴山大观》,杭州出版社,2005。

33.徐建春:《浙江通史·先秦卷》,浙江人民出版社,2005。

34.林正秋:《南宋都城临安研究》,中国文史出版社,2006。

35.张鸿建:《杭州人文化性格研究》,杭州出版社,2007。

36.顾希佳:《浙江民间故事史》,杭州出版社,2008。

37.武德安、陶冶、郁建平编著:《吴山》,杭州出版社,2008。

38.赵大川:《杭州老字号系列丛书·茶叶篇》,浙江大学出版社,2008。

39.钟敬文:《中国民俗史(民国卷)》,人民出版社,2008。

40.钟敬文:《钟敬文自选集》,首都师范大学出版社,2008。

41.高鹏年:《湖墅小志》,《杭州运河文献集成》第一册,杭州出版社,2009。

42.杭州市西湖区文化广电新闻出版局编:《西湖区非物质文化遗产代表作:西湖的记忆》,西泠印社出版社,2009。

43.顾颉刚:《顾颉刚全集·顾颉刚民俗论文集》,中华书局,2010。

44.刘庆龙主编:《寻味江南——话说杭帮菜》,杭州出版社,2010。

45.政协上城区委员会、杭州市区河道整治建设中心、杭州市上城区建设局编著:《漫游中东河》,西泠印社出版社,2010。

46.赵晴:《城纪·文化卷》,杭州出版社,2011。

47."西湖天下"丛书编辑部编著:《西湖三十景》,浙江摄影出版社,2011。

48.顾国泰、吴仙松主编:《江南古镇笕桥》,浙江科学技术出版社,2012。

49.潜说友:《咸淳临安志》,浙江古籍出版社,2012。

50.淮茗评注:《陶庵梦忆评注》,上海三联书店,2013。

51.吕洪年:《民间文化杭州论稿》,杭州出版社,2013。

52.屠树勋:《钱镠传》,浙江工商大学出版社,2013。

53.聂心汤:《万历钱塘县志》,《杭州文献集成》第十六集,杭州出版社,2014。

54.沈朝宣:《嘉靖仁和县志》,《杭州文献集成》第十七集,杭州出版社,2014。

55.施谔:《淳祐临安志》,《杭州文献集成》第四集,杭州出版社,2014。

56.吴自牧:《梦粱录》,《杭州文献集成》第十四集,杭州出版社,2014。

57.翟灏:《艮山杂志》,《杭州文献集成》第二十一集,杭州出版社,2014。

58.赵福莲:《钱塘江史话》,杭州出版社,2014。

59.周淙:《乾道临安志》,《杭州文献集成》第一集,杭州出版社,2014。

60.宋宪章:《人文荟萃话杭州》,东方出版中心,2015。

61.吴关荣编著:《笕桥韵事》,中国文联出版社,2015。

62.李欢欢:《穿越千年的故事——杭州的桥》,《杭州市社科知识普及丛书》第4辑,杭州出版社,2017。

63.“西湖天下”丛书编辑部编著:《西湖风物》,浙江摄影出版社,2017。

64.吕洪年:《万物之灵——中国崇拜文化全览》,浙江文艺出版社,2018。

后 记 1

《中国风俗图志·杭州卷》即将出版了，我荣幸受邀参与创作。屈指算来，杭州“钱塘”的名称已有二千多年历史了！据史料考证，此名最早出现在秦代——是秦始皇年代的一个小县名，叫“钱唐”，当时还不及会稽（今浙江绍兴）、湖州大，此名到唐朝，为避国讳，才改名“钱塘”。现在的“杭州”之名，始于隋朝隋文帝开皇九年（589年）。1927年始，杭州置市，“钱塘”成为老杭州的代名词。

“江南忆，最忆是杭州”“上有天堂，下有苏杭”“欲将西湖比西子，淡妆浓抹总相宜”。历史上不知有多少文人墨客、达官贵人为这座城市留下了千古绝唱。杭州有“江南鱼米之乡”的称号，其特有而优美的自然环境和丰富的自然资源是上天的恩赐。杭州也是大文豪白居易、苏东坡、杨万里最割舍不下的城市，而众多的人文景观和深厚的文化底蕴是前人留给后人最大的精神财富。著名的意大利旅游家马可·波罗也称杭州为“世界上最美丽华贵之天城”。我作为生于斯长于斯的杭州人，则更加感到无上幸福和自豪。如今，历史又给我们一个在时代浪潮中展现自我的机会。我有一枚使用多年的章“唯我天相许”，意思是老天生我就是让我用一生时光在这个大变革的时代里去承担时代赋予我的历史使命，即留住民族之根、城市之魂。

我出生在千年历史老街——中山路贯桥，从小听我祖父吴扬武及邻居阿明爷爷、耀松伯伯、常勇奶奶讲述过去的杭州，使我长大后依然对家乡杭州有着深刻的印象。杭州这个古老而典型的江南水乡的代表城市在20世纪80年代旧城改造前，老城的基本格局没变。我爷爷说：“老底子的中山路像现在的宝极观巷，只有两部三轮车交汇的宽度。”那个时光，百姓还保留着旧时的生活方式。尽管由于历史遗留下的种种因素，使老城显得有些破旧，有些拥挤不堪，但我笔下的老街巷、老墙门、老桥、老井经过历史岁月的积淀则呈现出江南水乡所固有的那种独特的和谐韵味。就像近代诗人戴望舒的《雨巷》和南宋诗人陆游的《临安春雨初霁》等文中所描绘得那般宁静和幽深；就像是当时杭州城最美的浣沙河，20世纪70年代为了备战备荒，在挖防空洞时被填埋掉了，现在旧时的遗址已经很难寻找，但仍有不少杭州人讲述着他们曾经走在河边柳树下的情景并为此兴奋不已。

而今杭州是一座拥有着西湖和运河双"世遗"的世界名城。但老底子的杭州到底是啥样的？我的《钱塘里巷风情》就是反映杭州20世纪80年代以前老城旧韵的民俗画。从某种意义上讲，它勾起了人们内心的那种怀旧情感。

风俗画是绘画艺术中的一个主要画种。它以日常社会生活事件为绘画题材，是画家对自己所生活的那个时代个人日常生活和周围环境、风土人情、建筑风貌的描绘。风俗画传承的历史非常悠久，有着几千年的历史，与人类文明同步。先人们的日常生活和喜怒哀乐都真实地反映和铭刻在青铜器上、岩石上、陶器上等的文字和图案之中。汉朝时就有翔实的文字记载。《史记》记载，汉朝画家徐邈画鱼以引诱洛水上的群獭的故事与画家王文昌的《猎骑图》及著名科学家、文学家和画家张衡善绘神兽，"画工恶图犬马而好作鬼魅，诚以实事难形而虚伪不穷也"。又如隋代画家展子虔所作《南郊图》《游春图》等作品，《游春图》是我国现存世的风俗画轴画中最早一幅。《宣和画谱》称赞展子虔"写江山远近之势尤工，故咫尺有千里趣"。他的山水画比起六朝前山水画那种"或水不溶泛，或人大于山"的稚拙画法要成熟得多了。唐代画家韩滉也作有《田家移居图》《鼓腹图》等风俗画。五代画家赵德玄的《盘车图》《丰稔图》等作品当时被人们誉为无人与之比拟，可谓"独步川中"，真实反映当时农耕社会的劳作生活。五代南唐画家顾闳中所绘的名画《韩熙载夜宴图》描绘当时的士大夫世俗生活。

风俗画发展到宋朝获得了一种非常有历史价值的独立的绘画体裁，影响颇深，出现了张择端、苏汉臣等描绘当时市井文化生活的杰出风俗画家，出现了《清明上河图》《货郎图》等传世佳品，历史文化价值极高，流传至今。

元代以后，杰出风俗画家辈出，名作颇多。出现了如元代画家王振鹏的《乾坤一担图》《阿房宫》等，明代画家安正文描绘古代著名建筑风貌的《黄鹤楼》《岳阳楼》，明代画家唐寅的《江南农事图》《桃花坞图卷》《藕香图》等，上述作品都是风俗画的典范。

风俗画到了近现代又有了长足发展，晚清画家吴友如在光绪十年（1884年）应《点石斋画报》之聘，创作了大量反映19世纪后期社会现实的风俗画，影响之大，出乎意料。他成功地在中国画的传统基础上吸收了西洋画技法，忠实于他广博的生活空间和独到的生活体验，为后人留下了民俗历史资料。无独有偶，翻开西方现代艺术史，一些与吴友如同时代的西方画家也在参与世界性的现实主义思潮。比如，法国画家杜米埃非常关注巴黎生活中的一切小事，他的绘画完全根植于对现实风俗的细微观察，他向《漫画》和《喧哗》周刊提供的近四千幅素描，使他一举成名。此外还有被称为“现实主义之父”的库尔贝等画家。

在20世纪五六十年代我国有不少关注社会现实风俗的画家，如以江苏画家钱松岩、亚明、宋文治等为代表的新金陵画派，浙江的潘天寿、潘韵、陆俨少等，以及北京的徐悲鸿、李可染等众多画家都因为当时特定的政治需要而创作了大量反映那个年代的风俗画，并且反响很大，如《丰收图》《井冈山》《韶山》《颗颗皆辛苦》等作品。

钱塘里巷风情画是在时代的大变革、大转折的特定年代出现的，《钱塘里巷风情》是一部老底子杭州的“断代史”——新的城市风貌特色还没有确定前，旧的风土人情和建筑风貌只能在风情画中去感受。我画《钱塘里巷风情》，开始完全是无意的。后来生活发生了“莫须有”的变故，彻底改变了我的人生轨道。在痛苦、无奈中，我走上了自己爱好的绘画之路。这个过程中我还有幸结交了古典文学大家邹梦禅，一代词宗、书法家徐行恭，京剧大家陈大濩，眼科权威专家韦文轩等前辈，在与他们平时的交往中，让我看见这些前辈们对优秀传统文化的热爱，在他们身体力行的影响下，我走上了这条本不该是用来谋生的道路，没想到这条路竟使我成了一个“死心塌地”研究中国传统建筑文化及杭州民俗风情的职业画家。

如今，画老杭州成了我全部的人生追求和艺术追求。2002年10月，杭州出版社出版了中国历史上第一本杭州民俗风情画集——《钱塘里巷风情》，如今这本画集早已被收入《杭州年鉴》、中国方志和浙江省地方文献资料，并深受海内外人士的珍爱。后与西博会组委会等相关部门合作出版了《钱塘古城门》《杭州街巷》《杭州桥》《百年湖滨》，后又陆续出版了《章太炎故居与仓前老街》、《运河杭州风情》、《运河南端市井绘》、G20峰会中英文版《画说运河》十本连环画小说、《跨越钱塘》邮品集等三十多本书。我能引以为豪的是，我没有把绘画看作是单纯的娱乐或对现实的逃避，而是把这一切化作对本土文化的热爱，方能几十年如一日地坚持和坚守，都缘于对生活的热爱和真挚的情感投入。力图通过中西合璧的笔墨技法和独特的艺术理念，能够更深刻地认识我们生活的这个世界和我们自己。当我创作时，常常会被眼前所表现的实景所感染，会与早已蕴蓄在心中的“故事”相交流，产生碰撞，激起新的思想火花。这火花散落在作品中，鬼使神差，竟产生超越现实图景的艺术效果。如今，当我翻开三十年间保存下来的一幅幅画作时，我感到，它们不只是把我带回到对依稀往事的追忆中，更为我展开了一个更大的美的艺术空间——一种充满诗意的暖意缓缓在我心中升腾。为重现现实生活那已经不被人们重视的即将消逝的历史文化痕迹，我融合中西绘画技法，用写实的手法和独特的艺术语言，根据不同对象不同内容进行创作，在传承前辈技法的基础上有了更多的创新。

我非常幸运地赶上这个好时代，文化大发展被上升为国家战略，并作为立国之本。这次参加《中国风俗图志·杭州卷》的创作，穷尽我六十多年的所见所闻所感，用有着自己独特的艺术语言方式画出了充满个人情感视角的韵味杭州。不仅如此，2017年，我的《老底子杭州人》微视频在首届“讲好中国故事”国际创意传播大赛荣获一等奖，《运河南端民俗图志》被杭州市列入2018年文化精品项目并多次被央视报道，央视七套《乡土》纪录片、央视十套《中国大运河》纪录片及江苏卫视的《江南文脉》纪录片的拍摄，《中国日报》（海外版）、《中国文化报》、《浙江日报》均有专题报道。

今借国画大师黄宾虹的话结语：“中华民族所以翘然于大地之上，而精神浩然长存者，惟其艺术之独特。故我辈其他无所贡献，惟有勤劬于此。思有以发其秘奥，与世人共见，亦当竭其力之所及，整理而保之，开辟蹊径，以待来者。不然，则遗绪斩绝，后人虽欲措手而无从矣。”

吴理人

写于农历戊戌年九月杭州吴理人民俗艺术馆

后 记 2

《中国风俗图志·杭州卷》一书终于要与关心、热爱杭州的读者见面了。我作为一个非本土的杭州人来写杭州，心情甚是忐忑。我在杭州工作、学习、生活多年，杭州是我的第二故乡，我对她的喜爱和依恋自然有之，可若论对她的炽热之情，和我的先生吴理人比起来只能算九牛一毛。

孔子有云：人生有三命，生命、性命、天命。或许就是天命让我与杭州相连，我最早知道和向往杭州其实不是大诗人白居易的“江南忆，最忆是杭州”，而是在我垂髫之时，电视剧《新白娘子传奇》让我始知杭州的代名词“西湖”，那是我对杭州的最初印象，也是最深刻的印象，时至今日仍记忆犹新。

从我有记忆开始，我便与爷爷奶奶生活在一起，是他们让我拥有了一个快乐的童年，更是和他们的共同生活经历，使我的心里有了一颗民俗的种子。“为什么我的眼里常含泪水，因为我对这土地爱得深沉。”一如诗人艾青所感，我曾经生活过的那片黄土地，承载了我所有的童年美好记忆和对爷爷奶奶的思念，特别是在我初三中考前，奶奶的意外离世，让我一度难过到无法呼吸。和奶奶一起生活过的美好片段：春天，奶奶带我砍猪草、锄地、种菜园、在碧浪万顷的麦田里奔跑……夏天，奶奶带我下地割麦子、捉蚂蚱、捡烧完麦茬后的黑麦穗把嘴巴吃得黑乎乎、夜晚躺在麦场上数星星……秋天，坐在爷爷赶的牛车上和奶奶一起到田地里收南瓜、抛红薯、落花生……冬天，则窝在奶奶那吱嘎作响的老木床上听奶奶讲她小时候的故事，玩拍火柴皮的游戏、折糖纸，白雪皑皑时趴在奶奶背上看枯藤老树昏鸦……最让我无法释怀的是，有一次，奶奶带我走在从村里通往村口（奶奶家）的小路上，对我说：“你现在小，总愿意缠着奶奶，等你长大了，到时奶奶就老了，人也脏了，你就不会像现在这样缠着奶奶了。”我懵懂地说道：“不会的，我永远不会嫌奶奶老，更不会嫌奶奶脏。”没想到，还没等我长大，奶奶就永远地离开了人世……那条小路和小路上祖孙的身影，成了我心中的永恒记忆，成了指引着我前进的道路。每次回故乡，我都会来到那条小路前，眼前仿佛又出现了儿时的自己被奶奶牵着手前行的情景，耳畔又回想起奶奶那熟悉的声音：“八十岁老头砍黄蒿，没看麻雀走一走。搀唧唧，拾豆吃，不给老孖一个吃，老孖关门杀鸡吃，给你一个鸡屁股吃……”于是我便告诫自己，永远都不要变……

直到很多年后遇到我的先生，他笔下那斑驳的房子、巷口交谈的人们、电线杆上的麻雀、逼仄厨房里的水缸和瓶瓶罐罐、随风摇曳的芦苇……透过那一幅幅画面，我仿佛又走进了和奶奶一起生活的时光，顷刻间，我仿佛海上的那叶扁舟，终于找到了港湾。我想，是民俗的这颗种子连接了我心中的太阳和月亮。

该书得以付梓面世，借此机会，表达我的谢意：感谢我的爷爷奶奶对我的养育之恩，感谢泰山出版社的辛勤付出和大力支持，感谢我的小学老师徐汇和张云洁，中学老师胡业军，高中老师彭庆响，大学老师杜萍，人生导师吕洪年，感谢他们在我不同年龄段对我知识的传授、教育以及他们对我做人的影响，感谢我先生的知遇之恩，感谢一切关心和支持我的朋友们！

艾华

二〇一九年大雪节气于杭州

作者简介

吴理人 1957年生于杭州中山路贯桥，原名理仁，字娄石，室曰寒碧轩。中国民俗风情画画家、中国民主建国会会员、吴理人民俗艺术馆馆长、钱塘民俗艺术交流社社长、中国京杭大运河博物馆运河民俗文化顾问、大运河非遗民俗画项目代表人物及代表性传承人、西湖文化研究会副会长等。几十年笔耕不辍，搜尽里巷打草稿，最解『钱塘里巷风情』；丹青描绘运河情，画尽运河千年古韵，情系『大运河市井百态』。被誉为『画说杭州、运河第一人』。2018年被杭州市评为首届『能工巧匠』。2019年被杭州市拱墅区评为首届十大『拱墅工匠』，2019年《文化浙江大讲堂》主讲人之一。出版有《钱塘里巷风情》、《章太炎故居与仓前老街》《跨越钱塘》《杭州街巷》《运河杭州风情》《运河南端市井荟》、G20特辑中英文版《画说运河》连环画十本、《运河杭州二十四节气民俗画》《运河南端民俗图志》等几十部书籍。

艾华 毕业于中国人民大学中英商务管理专业，后长期在民俗学领域工作与研究。师从浙江大学教授、中国民俗学会理事、国家级非物质文化遗产专家委员库专家吕洪年，系其关门弟子。现任中国民俗风情画家吴理人先生助教、浙江大学非物质文化遗产研究中心助理。

图书在版编目（CIP）数据

中国风俗图志．杭州卷 / 刘晓峰，李北山总主编；吴理人绘；艾华著．—济南：泰山出版社，2020.8
ISBN 978-7-5519-0596-1

Ⅰ．①中… Ⅱ．①刘… ②李… ③吴… ④艾… Ⅲ．①风俗习惯—杭州—图集 Ⅳ．①K892-64

中国版本图书馆CIP数据核字（2020）第022852号

ZHONGGUO FENGSU TUZHI · HANGZHOU JUAN
中国风俗图志 · 杭州卷

策　　划　胡　威
绘　　者　吴理人
著　　者　艾　华
责任编辑　程　强
装帧设计　路渊源

出版发行　泰山出版社
社　　址　济南市泺源大街2号　邮编　250014
电　　话　综　合　部（0531）82023579　82022566
市场营销部（0531）82025510　82020455
网　　址　www.tscbs.com
电子信箱　tscbs@sohu.com
印　　刷　东港股份有限公司
开　　本　890毫米×1240毫米　16开
印　　张　15.25
字　　数　260千字
图　　片　101幅
版　　次　2020年8月第1版
印　　次　2020年8月第1次印刷
标准书号　ISBN 978-7-5519-0596-1
定　　价　106.00元